叢書・ウニベルシタス　966

動物論

デカルトとビュフォン氏の見解に関する批判的考察を踏まえた，
動物の基本的諸能力を解明する試み

エティエンヌ・ボノ・ド・コンディヤック
古茂田 宏 訳

法政大学出版局

Étienne Bonnot de Condillac

Traité des animaux, où, après avoir fait des observations critiques sur le sentiment de Descartes, et sur celui de M. de Buffon, on entreprend d'expliquer leurs principales facultés, 1755

目次

序　文

獣[1]がどういう存在であるかを知ることは、それが我々人間とは何であるかをよりよく知るための手立てにならないのだとすれば、全くつまらない問題になってしまうだろう。だから、このような主題についてあれこれと推測を巡《めぐ》らせることが許されるとすれば、もっぱらそれは、この観点から問題が扱われる場合に限られる。ビュフォン氏もこう言っている。「もしかりに〔人間以外の〕動物が存在しなかったとすれば、人間の本性はいまだ全く理解不能であっただろう[2]」、と。しかしながら、獣と我々人間とを比較することを通して、〔ビュフォンがそう考えているように〕人間の本性が理解できるなどと夢想してはならない。そこで我々が発見しうるのは、人間の〔本性ではなく〕様々な能力や機能だけなのであるから。そして比較という方法は、こうした人間の諸能力・諸機能を観察するにあたっての優れた指針となりうるのである。

私が本書を書こうと思いたったのは、『感覚論』が刊行されて以後のことである。実を言えば、もしビュフォン氏がこれと同じ主題について書かなかったとすれば、私は決して本書を書こうとは思わなかったであろう。ビュフォン氏は〔校注―一七五五年版〔初版〕では、「ある人々は……」〕自分が『感覚論』と同じ主題についてどっさり書いていたこと、にもかかわらず著者の私が不当にもそこから全く引用をしなかったという見解を述べ広めようとしている[3]。

私と彼の書いたものの双方をきちんと読んだ人であれば決してこんな非難をしないだろうが、私がそういう非難から身を守るには、動物の「本性」と諸感官に関するビュフォン氏の見解[4]を提示しておけば十分であろう。* 本書第I部の、ほとんど唯一の主題がこれである。

＊（原注）確かに『感覚論』には、こうした非難を招く口実の種がいくつかあることを私も認める。第一は、触覚が何らかの観念をもたらしてくれるのは、もっぱら、触覚器官が可動的で柔軟性に富む器官によって作られているからだという主張は、私のものであると同時に、ビュフォン氏の言うところでもあったということだ。しかし、私はそこでビュフォン氏のこの発言をきちんと引用しているし、しかもそれは、氏がこの原理から引き出している結論に私が異を唱えたからこそであった〔コンディヤック『感覚論』第二部第一二章§一参照（LR）〕。第二に、そしてこれが最後の論点になるが、視覚は触覚の助けを借りる必要があるとビュフォン氏が考えていた〔にもかかわらず私がそのことに言及しなかった〕ということである。しかし、この考えは、ビュフォン氏以前にも、モリヌークス、ロック、バークリらがすでに抱いていたものでもある[5]。ところで、私は彼らがすでに語ったことを繰り返すことのできた人全てに言及せねばならなかったのであろうか。そんなことはあるまい。ただ、私に非があるとすれば、それは私がヴォルテール氏の著作を引用しなかった点であろう[6]。というのも、ヴォルテール氏は、彼らの発言を単に繰り返すにとどまらないことを言っているからである。この点で、私はこの〔ヴォルテール氏の引用を怠ったという〕誤りを是正しておこう。ところで、ビュフォン氏は、バークリの見解をまるごと受け入れるべきだとは考えなかったようだ。このイギリス人〔＝バークリ〕は、大きさや形、ひとことで言えば対象を見ることを学ぶためには、我々には触覚が不可欠だと言っているのだが、ビュフォン氏はそうは言っていない。反対に彼は、目は生まれながらの性能により、それ自体で対象を見てとると断言しているのだ。ただし、氏の言うところでは、目は自らの二つの誤りを訂正してもらうためにだけは触覚の助言を借りるのだという。その誤りとは、ひとつは〔目がふたつあることによって、〕対象が二重に見えてしまうという誤り、もうひとつは〔網膜反転写像によって、〕対象が逆様《さかさま》に見

えてしまうという誤りのことである(7)。それゆえ〔＝この二点を除けば視覚は自立的だというのであるから〕ビュフォン氏は、バークリとは違って、目が触覚から得る助力に支えられた限りでの延長という考えを認めていないことになる。これが、私が彼に言及しなかったもうひとつの理由である。だから、かりに私が氏に言及していたとしても、批判的な言及の仕方しかできなかった――これからただちにその批判に取りかかることになるが――であろう。もうひとつ最後に付け加えると、触覚が〔視覚にとどまらず全ての〕諸感官を教育しようとつとめていること――これは『感覚論』に功績を帰すべき発見であるが――についても、氏はこれを全く理解していない。たとえば彼は、動物において、嗅覚がそれ自体では――〔触覚の助けなしの〕最初の瞬間においては――対象やそれのある場所を全く提示できないのではないか……などという疑念を全く抱いていないのである。氏は、この感官〔＝嗅覚器官〕が、ただひとつ孤立してある場合でも、それが他の全ての感官の代わりを務めて対象のありかを探りあてうるのだと、そう考えて納得してしまっている。私はこれとは反対の主張を、厳密な仕方で確立してみたいと思う。しかし、にもかかわらず私がビュフォン氏の著作から何も学ばなかったなどということはありえないことであって、そのことは本書をお読みになれば自《おの》ずと明らかであろう。

本書の第II部では、私は一つの体系を示すだろう。ただし、私はこの私なりの体系に、〔ビュフォン氏がそうしたように〕『動物の本性』というようなタイトルは決して付けないように注意した。正直に認めるが、この点について私は全く無知であり、自分が〔内側から〕感じるところに従って人間の〔魂の〕諸機能を観察し、それからの類推《アナロジー》で獣の諸機能について判断するだけで満足しているのである。

これは、『感覚論』の主題とは非常に異なっている。本書を先に読まれても『感覚論』の方を先に読まれても全く差し支えないが、いずれにせよこの両書は、互いに互いを照らしだすであろう。〔校注――一七五五年版〔初版〕においては、このあとに段落を切って以下の文章が続いていた。「私の諸原理とビュフォン氏のそれとの比較を容易にするために、また、一連の分析を把握するのに慣れていない人に私の諸原理を理解してもらいやすくするためにも、『魂を吹き込まれた彫像』（=『感覚論』）に関する体系的摘要を付け加えることにする。そこで私は、主要な真理をひとつひとつ切り離して提示するだろう。私は、できる限り抽象的な話を抑制し、詳細については著作（=『感覚論』）自体の参照を求めることにする[8]」。）

第Ⅰ部　デカルトの学説とビュフォン氏の仮説

第1章　獣はただの自動人形ではないということ。人はなぜこのような根拠のない説を空想しがちであるのか。

獣に関するデカルトの見解は、もうすでにあまりにも古いものになってしまったので、その信奉者は全くいなくなってしまったと推測することができる。というのは、哲学的な見解というものも流行《はや》り廃《すた》りというものごとの運命を免れず、新奇さはそれらに流行の勢いを与え、時間の経過はそれらを忘却の中に沈めるものであるから……。このように考えて、学説の古さは、人々がそれらに与える信用度を計る物差しだと〔＝古いほど信用できないと〕言う人がいるかもしれない。

これ〔＝学説は新しいほど正しいという進歩観〕は、哲学者の誤りだ。公衆の気まぐれがどんなものであれ、もしかりに真理が正しく提示されるならば、そういう気まぐれにも限界が課せられるであろう。つまり、そういう確かな真理が公衆の心をひとたび捉えたなら、それは公衆の前に現われるたびに、いつでも公衆の心を捉えて離さなくなるはずなのだ。〔つまり、学説の古さ新しさは、それが真理であるかどうかとは関係がない。〕

疑いもなく我々は、後々の子孫たちをあらゆる誤謬から守れるような啓蒙された世紀からは遠くかけ離れたところにいる。そしておそらくは、我々がそういう時代に到達することはありそうにない。

年を重ねながら、我々は日々そこへと近づきはする。しかしながらその目指すべき世紀はいつも我々の前から逃げ去ってもいくのだ。時間とは、哲学者の前に広がる空漠とした競技場のようなものだ。あちらこちらに撒き散らされたあれこれの真理は、いたるところに潜む無数の誤謬と混じってしまう。いくつもの世紀は流れ、いくつもの誤謬は重なりあって山となり、様々な真理のほとんどは散逸し、〔真理の〕競技者たちは、盲目の観客たちによって与えられる賞を求めて空しく争いあうのである。

宇宙の生成と保存を唯一の運動法則によって説明しようと企てたのはデカルトだったが、それだけでは彼には十分ではなく、動物〔êtres animés＝魂を具《そな》えた存在〕にまでこうした純粋な機械論の論理を貫かねばならなかった(7)。哲学者というものは、ある一つの考えを一般化すればするほど、ますますその一般化を推し進めたくなるものだ。彼はそれを全てのものに拡大しようと夢中になる。というのも、彼にはその考えが広がれば広がるほど自分の精神もまた広がるように思われるからだ。そしてその考えはたちまち、こういう哲学者の想像力のなかで、諸現象の第一原理に祀《まつ》り上げられるのである。

こうした体系をうみだすのは、たいていの場合うぬぼれであり、うぬぼれは常に無知である。うぬぼれは盲目であり、盲目であることを望んでいるくせに、なおかつ判断することを望みもする。うぬぼれがうみだす幻想は、うぬぼれる当人にとっては十分なリアリティがある。そして彼は、こうした幻想が雲散霧消するのを見るのを恐れるのである。

よく観察もせずに、あるいはお粗末な観察しかせずに自然を説明してやろうという企てに哲学者を駆りたてる隠された動機というのは、以上のようなものである。こういう哲学者が提示するものはといえば、曖昧な概念、不明瞭な用語、恣意的な仮定、無数の矛盾・撞着といったものでしかない。にもかかわらず、こういう混沌《カオス》が彼らにはむしろお気に入りなのである。というのも、もしかりに理性の光が現われたら、こうした幻想は破壊されてしまうであろうからだ。そうなれば、茫然自失する以外に彼らにはなすすべがあるまい。そういうわけで〔=カオスに浸《ひた》っているので〕、彼らの自信たるや大変なものである。自分が見たものに基づいたことがらについてしか語らず、事物をありのままに見ることしか欲しないような、そういう賢明な観察者に対して、彼らは見下したような眼差しを向ける。つまり、こういう哲学者から見ると、彼らは一般化するすべを知らない矮小な精神の持ち主に見えるのである。

正確さも綿密さももちあわせていない人にとって、一般化するということはそんなに難しいことだろうか。恣意的に一つの考えに飛びつき、それを拡大し、そこから一つの体系《システム》〔=学説〕をこしらえることが、そんなに難しいことであろうか。

本当の意味で正しく一般化するという作業はもっぱら、綿密に観察を重ねる哲学者にこそふさわしい。そういう哲学者は、諸現象をそのあらゆる側面から検討する。彼らは諸現象を相互に比較する。そして、それら全てに共通する原理を発見することができた場合にはじめて、それを抜かりなく捕まえるのだ。それゆえ彼らは、慌《あわただ》しく想像を巡らすようなことはしない。反対に、観察の積み重ねの結果、否応《いやおう》の無い力で促されるようにならない限りは、決してものごとを一般化しようとしないのだ。

だが私が非難するような哲学者たちは、軽率にも、たったひとつの一般的な観念から壮麗極まりない体系をでっちあげる。そんな風にして、魔法使いは杖の一振りであらゆるものを思いのままに作りあげ、あるいは消滅させ、変容させるのだ。人が妖精のような幻想を抱くようになったのは、こういう哲学者たちを取り仕切るためであったとも思いたくなる。*

＊（原注）こういった哲学者たちには才能がないというわけではない。ビュフォン氏がビュルネ(10)について言ったことを、彼らについてあてはめてもよいかもしれない。「彼の著書は優雅な筆致で書かれている。彼は、偉大な光景を雄渾なイメージの力で描き、人々の眼前に提示するすべを弁《わきま》えている。しかし、その青写真は気宇壮大だが、しかるべき方法を欠いているために――推論の力は貧しく証明も弱々しいために――、実際にできあがった作品はみすぼらしい。彼の評判は高いだけに、実際にそれを読んだ読者は失望して彼への信頼をなくしてしまう」（HN, in - 4°. I, p. 180, in-12 II, p. 263）(11)。

このような批判がデカルトに向けられたとするなら、それは誇張された非難ということになろう。こういう悪しき例としてなら、他の哲学者を選ぶべきだったとおそらく人は言うだろう。実際、我々はこの天才にあまりにも多くの恩恵を蒙《こうむ》っているのだから、この上ない慎重さをもって臨まなければ彼の誤りについて語ることはできない。彼は確かに誤りを犯したが、それはただ、あまりにも慌しく体系をこしらえるように急《せ》き立てられたからであったのだ。しかし、それを踏まえた上で、観察することよりも一般化することに急な精神の持ち主の全てがどうして誤りを犯してしまうのかを示す、今はいいチャンスであると私は思う。

こういう精神の持ち主が採用する諸原理にとって好都合なことは、しばしば、その原理を証明できないということ、より厳密に言えば、その原理の誤りを証明できないということにある(12)。たとえば、神が選《え》り好んで制定したと見なされるような諸法則などがそれである。そして、もし神がそれをなしえたということになると、ただちに神はそれを実際にもなしたに違いないと、自分の知性を基準にして神の知性を推し量《はか》ろうとする哲学者はそんな風に結論するのである。

こんな曖昧な推論をもってすれば、人は自分の望むようなことを何でも証明することができる。そしてそれゆえに、実際には何ひとつ証明しはしないのだ。確かに私は、神が獣を純粋な自動機械へと還元した〔＝そのようなものとして作った〕のであれば……と願いはする。[13] しかし、神は実際にそうしたのであろうか。〔それはまだわからない。〕まず観察し、それから判断することにしよう。我々は、この範囲にとどまらねばならないのである。

我々が目にする様々な物体のなかには、その運動が一定で斉一的であるような、そういう物体がある。それらは自らの進路を自分では選ばず、外からの力に完全に従う。それらに感覚・感情があったとしてもそれは無用のものであるだろうし、実際それらに感覚があるような兆候も全くみられない。すなわち、それらは運動を司《つかさど》る唯一の法則に従っているのである。

これとは別種の物体があって、それらは自分の生まれた場所にじっととどまっている。それは何ものをも追いかけず、何ものからも逃げようとはしない。自分を養ってくれる樹液を自らの物体〔corps＝身体〕全体にいきわたらせるためには、地熱だけで十分である。それは自分に役立つものについてあれこれと判断するための特別な器官を全く持たない。それらは何一つ選択せず、ただ植物的な生を生きている。

しかしながら、獣〔という身体＝物体〕は、己の自己保存のために自《みずか》ら気を配る。獣は、思うがままに自ら動く。自分にとって役立つものを捕らえ、敵対するものを追い払ったり避けたりする。我々人間の感官は我々の行動を調整しているが、それと同じ感官が彼らにもあって、その行動を調整しているように思われる。彼らの目は何も見ないとか、耳は何も聞かないとか、一言でいって何も感じないのだと言う人がいるが、何を根拠にしてそんなことが想定できるのだろうか。

確かに厳密に言えば、彼ら獣たちの行動の観察は、彼らが感じているということの証明になるわけではない。感覚〔＝意識現象〕が問題になっているとき、はっきりとその存在が証明されるのは、各人がそれぞれ自分について有するところの意識でしかない。〔厳密に考えれば、獣ならぬ人間でも、自分以外の他人に感覚世界があることは証明できない。〕しかし、他人の感覚がただ〔表情や言葉などの外的兆候によって〕暗示されるだけだからといって、そのことが他人の感覚〔世界の存在〕を疑う理由になるだろうか。私が反省によって行っているのと同じことを、純粋な機械的運動によって行うような自動人形を神は作りうると言うだけで、〔実際に他人はそういう自動人形なのだと言い切るのに〕十分なのであろうか。

こんな〔ばかげた〕疑いに対しては、ただ無視することだけが唯一の答えであるだろう。あらゆるところに証明を求めることは狂気である。ただの思いつきのようなあやふやな基礎の上に体系を打ち立てようとするのは夢想である。この両極の中間をとらえること、それこそが哲学するということなのだ(14)。

それゆえ、獣には単なる運動以上のものがある。獣は純粋な自動人形ではない。それは感じるのである。

第2章　もし獣が感じるとすれば、我々人間のように感じるということ

もし、ビュフォン氏が動物の「本性」について抱き、その著書『博物誌』において展開した諸観念が、部分部分よくつながった一つの全体をなしていたなら、それを簡潔で正確に要約することは容易であったろう。しかし彼は、この主題全体に関してあまりにもばらばらな諸原理を採用しているので、ことさら彼の矛盾・撞着を発見してやろうなどという意図がなくても、彼の考察全体をとりまとめうるしっかりとした足場を見いだすことは私には不可能である。

正直に言って、私は〔『博物誌』を読んだ〕最初、身動きできなくなってしまった。というのも、ビュフォン氏はデカルト同様、獣の行動の全てを機械論的に説明しうると主張しているのだが、一方では感じる能力を獣に認めてもいて、この感じる能力という言葉を氏がどういう意味で使っているかが私には全く理解できなかったからである。

もちろん、氏が自分の考えを人に分からせようと努力していないというのではない。「感じる」という言葉はあまりにも多くの観念を含んでいるので、その諸観念をきちんと分析した上でなければこの言葉を口にしてはいけないということを指摘した後で、氏はこう付け加えるのである。「『感じる』という言葉を単に、外物との衝突やそこからの抵抗に際して、それに応じた運動という行動をとるこ

とだと理解するならば、動物はもちろん、感受性をもつと言われるある種の植物〔＝触られると葉を閉じるオジギソウのような植物〕においてさえ、この種の感じる作用は可能だということになる。これとは反対に、『感じる』という言葉を、様々な知覚を受けとることや比較することという意味で理解したいのであれば、〔植物はもちろん〕人間以外の動物がこの種の感覚をもっているということでさえ確かなことではなくなる」（HN, in-4° II, p. 7, in-12 III, p. 8-9, Pl, p. 137）。つまり氏は、感覚するという可能性をいったんは獣に認めておきながら、すぐさまそれを取り上げてしまうのだ。

この分析は、一見期待されるほど多くの観念を提供してくれるわけではない。にもかかわらず、それは「感じる」という言葉に、もともとその言葉がもっていると私には思えないような意味を与えている。「感覚」と「外物との衝突やそこからの抵抗に際しての、それに応じた運動という行動」とは、全く異なる二つの観念であって、これを混同するような人はこれまでひとりもいなかった。もし、この両者を区別しないのであれば、最も粗雑な物質でさえ感じることができるということになってしまうであろう。もちろん、そんなことをビュフォン氏が考えているわけではないが〔結論としてはそうなってしまうだろう〕。

「感じる」という言葉はもともと、対象《もの》〔objets〕の作用によって我々の感官が刺激されるとき、我々が経験しているところのものを意味する。そしてこの印象作用は、比較するという作用に先立っている。もしかりに、このとき我々がひとつの感覚〔像〕にのみ囚《とら》われているとすれば、我々は比較ということをしないであろうが、それでも感じてはいるだろう。この感覚は、これ以上分析〔分解〕されえない。つまりそれは、我々の内部で生起しているものに対する意識を通してのみ知られるのである。それゆえ、「獣は感じる」と「人間は感じる」という二つの命題は、全く同じ意味で理解されねばならない。そうでなければ、この「感じる」という言葉は、獣に関してそれが言われた場合、全く何の観念とも結びつかない空語になってしまうであろう。

しかしビュフォン氏の信じるところでは、獣は人間の感覚に似た感覚をもっていない。なぜなら、氏によれば、獣は純粋に物質的な存在だからである。* ここでも氏はやはり、知覚したり比較したりする働き〔＝作用〕という意味で理解された感覚を、獣には認めていないわけだ。であるとすれば、氏が獣たちは感じると想定するとき、そこでは単に、獣が外物との衝突やそこからの抵抗に際してそれに応じた動きをするということだけを言いたいのであろうか。この「感じる」という言葉を分析するならば、そう考えないわけにはいかないように思われる。

＊（原注）ビュフォン氏は人間にしかない感覚のことを内的感覚と呼び、獣はこの種の感覚を持たず、また、そうした感覚は物質には帰属しえず、その本性上、身体的な器官に従属することもありえないと、そう述べている（HN, in-4° II, p. 442, in-12 IV, p. 170, Pl, p. 189）。

デカルトの体系においても、この種の感覚〔＝機械的運動反射〕であれば、獣にもそれがあると認められることになるであろう。つまり、他から動かされるだけの能力が獣にもあると認められるであろう。しかしビュフォン氏は、〔機械反射的に〕動くことと感じることとを決して混同すべきではない。一方で氏は、獣のもつ感覚は、快いものであったり不快なものであったりすることを認めてもいる。ところで、快感や苦痛をもつということは、疑いもなく、外物との衝突に応じて動くということとは別のことがらであろう。

この著者の書くものをどんなに注意深く読んでも、彼の考えは私をすり抜けてしまう。私は、彼が身体的な感覚〔sensations corporelles〕と精神的な感覚〔sensations spirituelles〕とを区別するのを見る*。そして彼は、人間にはこの両者を認め、獣には前者しか認めないのだ。しかし、私が自分自身において経験していることを反省してみると、こんな区別立ては空しく感じられる。私は、彼のようには、この区別立てをすることができないのである。一方で自分の身体を感じ、もう一方で自分の魂を感じるなどということを私はしていない。私は自分の身体の中に自分の魂を感じるのである。私の感覚の全ては、同じひとつの実体の変様であるようにしか私には思われない。そもそも、「身体的感覚」という言葉でどういうことが意味されているのかが、私には理解できないのである。

* （原注）〔ビュフォン氏は言う。〕「子供が誕生して最初に感じ、うめき声で表現する痛みは、身体的な感覚でしかなく、それは〔人間以外の〕動物が生まれた瞬間にうめくときの痛みと似ているように思われる。また、生誕後四〇日以上経《た》たなければ、魂の感覚〔sensations de l'âme〕は表われてはこないようにも思われる。なぜなら、笑いや涙は、それぞれに対応するふたつの内的感覚〔痛みより高次の喜びと悲しみ〕の産物であって、それらはともに魂の働きに依存しているものだからである」（HN, in-4° II, p. 452, in-12 IV, p. 183）。

ところで、もしかりにこの二種類の感覚を認めたとすれば、身体の感覚なるものは魂の感覚なるものを全く変様させず、逆に精神の感覚の方も身体の感覚を変様させないことになるだろうと、私にはそう思われる。そうなれば、個々の人間のなかにそれぞれふたつの自我、ふたつの人格があって、その両者は感じる仕方において共通するものをもたないので、互いに何の交流もできず、相手のなかで何が生じているかが全くわからない……という風になってしまうであろう。

人格の統一性は、必然的に、感じる存在の一体性を前提する。人格の統一性は、身体の各部分で生じる印象に応じて様々に変様するところの、ただひとつの単純な実体を前提するのである。相異なるふたつの感じる原理——ひとつは単純で、もうひとつは延長をもつという——からなるひとつの自我などというのは、明らかな矛盾であろう。それがひとつの人格だというのは単なる仮定の中での話でしかなく、実際にはふたつの人格になってしまうだろう。

にもかかわらず、ビュフォン氏は「人間は内部において二重であり、本性上相異なり、その作用が相反するような、ふたつの原理からなりたっている」と考える。このふたつとは精神的な原理〔principe spirituel〕と物質的な原理〔principe matériel〕のことであって、氏によればそれらの「存在を認識することは、自己自身に立ち返って反省してみれば容易」であって、我々人間のあらゆる自己矛盾はこのふたつの原理の争いから生じるのだ……ということになる（HN, in-4° IV, p. 69, 71, in-12 VII, p. 98, 100, Pl, p. 471, 472)。

しかし、このふたつの原理間の争いなどということがどうしてありうるのか、それは理解に苦しむことである。というのも、氏自身が認めるところでは、物質的な原理は「精神的な原理に対してどこまでも従属的」だということになっているからである。すなわち、「精神的な実体は物質的な実体に命令し、物質的な実体の活動を阻止したり生じさせたりする」のであって、「獣においては全てを行う物質的な感官は、人間においては、上位の感官〔sens supérieur〕が禁じていないことしか行わない」ことになっており、つまりそれは「人間のあらゆる行動の二次的な手段ないしは原因でしかない」とされているのだ（HN, in - 4° IV, p. 33, 34, in-12 VII, p. 46, Pl, p. 449）。

氏の仮説にしては上出来なことに、ビュフォン氏は少し後のページでこう言っている（HN, in - 4° IV, p. 73, 74, in-12 VII, p. 104, 105, Pl, p. 473）。「子供時代においては物質的原理のみが彼を支配し、ほとんど絶え間なく作用する。……また青年期においても、物質的原理は絶対的な支配力を振るい、我々〔の魂〕のあらゆる働きに命令を下す。つまり……他とは比べようもないほどの強い優位性をもって支配する」のだ……と。しかしそうであるとすれば、物質的原理はもはや、二次的な手段とか原因といったものでは全くないことになる。上位の〔精神的〕原理が許すことしかできないような、どこまでも従属的な原理などではないことになる。だからこそ、「人間が自分自身と折り合いをつけるのがこれほど難しいのは、人間がふたつの相反する原理からできているということ以外の理由からではない」と、氏はそう主張するのである。

だが、我々人間の自己矛盾に関しては、次のように説明する方が〔二つの相反する原理を立てるよりも〕ずっと自然ではなかろうか。つまり、年齢を重ね、様々な環境に置かれるなかで、我々はしばしば相互に争いあうような習慣や情念を身に付けてしまう。そして、それらのなかには、理性によって批判されるような習慣や情念もあるのであって、この理性は、これらの悪しき習慣や情念をやすやすと打ち負かすにはあまりにもゆっくりと時間をかけて形成されるのだ……という風に。少なくとも、私が「自分自身に立ち返って」自らを反省するとき見いだすのは、以上のような説明なのである。*

＊（原注）古代の哲学者の多くも、ビュフォン氏のように、ふたつの原理に訴えてきた。ピュタゴラス学派は、人間の

なかに理性的な魂と並んで、物質的な魂の存在を認めたが、それは彼らの言う獣の魂と似たものであり、その固有の属性は感じることであるとされた。彼らは氏と同様、動物的欲求〔appétits〕すなわち人間が獣と共通にもつ欲望の全てを、この物質的な魂――感覚的な魂〔âme sensitive〕とも呼ばれる――に固有のものであると考えた。それを『博物誌』の著者にならって、「物質的な内部感官」と呼ぶこともできよう。

だが、古代の人々は、このふたつの原理が完全に対立した本性からなるとは考えなかった。彼ら〔ピュタゴラス学派〕の体系において、理性的な魂と物質的な魂が異なるのは、ただ〔理性化の〕程度の差でしかなかった。理性的な魂といっても、それはより高度に精神化された物質のことだったのである。プラトンは複数の魂を認めなかったが、そのかわりに、ひとつの魂の中に複数の諸部分を認めはした。すなわち、ひとつは感覚の部位であり、それは純粋に物質的なものとされた。もうひとつは純粋知性であり、理性の部位とされた。三番目はこの両者が混合された精神であり、それは他のふたつをつなぎ合わせる役目を担っているのだと想像されたのだ(15)。この説は誤っている。なぜなら、それは物質が感じたり考えたりすると想定しているからである。しかしながらそれは、本性上相異なるふたつの原理〔＝ビュフォン説〕に関してここで私が指摘してきた難点は免《まぬが》れている。

それゆえ、もし獣が感じるのだとすれば、彼らは我々人間が感じるのと同じように感じるのだと、そう結論しよう。この命題を打ち倒すためには、我々が感じるのとは異なったように感じるということはどういうことなのかが言えなければならないであろうし、ビュフォン氏が想定している、感覚における相異なるふたつの原理に関して何らかの筋の通った観念を与えねばならない〔が、そんなことは不可能であろう〕から。

第3章　獣は単なる物質的な存在だという仮説において、ビュフォン氏は、自分が獣に認めた感覚を説明できないということ。

ビュフォン氏は以下のように考えている。すなわち動物においては、外部感官に対する対象の作用が、物質的な意味での内部感官つまり脳に対する別の作用を引き起こす。また、外部感官においては〔対象からの刺激による〕振動はほとんど持続せず、いわば瞬間的に消えてしまうのに対し、内部の物質的感官〔＝脳〕の方は、受け取った振動を長期間にわたって保持し、逆に自分の方から神経へとそれを伝達したりする能力を具えている。氏によれば、以上が動物を動かし、その行動を調整している機械的法則の概要なのである。動物は、この法則以外の何ものにも従ってはいない。つまり〔人間以外の〕動物は純粋に物質的だというわけだ。内部感官〔＝脳〕こそが、動物の行動を規定する唯一の原理だということになる（HN, in - 4° IV, p. 23 etc., in-12 VII, p. 31-50, Pl, p. 443 etc.）*。

＊（原注）これは、異なる言葉づかいをしてはいるが、デカルト主義者が夢想した機械論と同じである。しかし、この「振動」というのは、すでにケネー氏[16]が打ち壊した古い誤謬である（『動物の生理的組成』〔"*Economie animale*", 1738〕、第3章第3節）。氏は言う。「多くの医者は、身体の感覚器官に触れた対象によって引き起こされる神経のたったひとつの振動が、その神経が揺すぶられた部位に何らかの運動と感覚を生じさせるのに十分だと考えてきた。

彼らは、この神経が、ピンと張りつめた何本もの糸のようなものであり、それにそっと触れただけで全体が振動するのだ……という風に想像している」。そして氏は続ける。「哲学者たちは、解剖学の知識がほとんどないので、こうした観念を……安んじて拡張することができた。しかし、神経の中にあると想像された緊張――それゆえに神経が震え動揺するという緊張――などというものは、あまりにも粗雑なイメージであって、反論の作業にまじめに取り組むのも馬鹿馬鹿しいようなものである」。動物の生理的組成〔économie〕についてのケネー氏の豊かな知識と、それを披瀝するにあたって氏が示す哲学的精神は、神経振動のメカニズムに関して私が言いうることよりもはるかに大きな権威を具えている。そういうわけで私は、この〔神経振動の〕仮説を攻撃するかわりに、それが何も説明していないということを示すにとどめることにする。[17]

私はといえば、正直に言ってこうした振動と感覚との間の関係については全く無知である。内部感官〔＝脳〕によって揺すぶられるという――この内部感官自体はさらに外部感官によって揺すぶられるわけであるが――神経なるものは、〔物理的〕運動の観念しか与えてくれない。そして、このメカニズムは全体として、魂のない一個の機械しかイメージさせないのである。魂なき機械とはすなわち、この著者がある箇所では感覚をもちえないと認めている物質のことである（HN, in - 4°, II, p. 3-4, in-12 III, p. 4, Pl, p. 134）。そうだとすると、彼が他の箇所では一転して、純粋に物質的なこの動物が感じるのだとしているのはなぜか、どうしたらそんな風に理解することができるのかを私は問い質《ただ》したくなる。

氏は、獣がある種のものに対してもっている強固で本性的な嫌悪感や、別の種のものに対してもっている永続的できっぱりとした欲求、さらには、自分にとって都合のいいものと悪いものとを即座に迷いなく区別する彼らの〔機械的〕能力といったものに依拠して自説〔＝動物機械論〕を守ろうとするのであるが、それは失敗している。これらは、獣が感じうる存在であることを証明する様々な根拠を氏が否定できていないことを示しているのである。つまり〔氏がどんなに機械論に固執してもなお〕、感覚というものが身体の諸器官〔＝感覚器官〕から内部感官〔＝脳〕へと伝えられ、またそこから諸器官へと反射される運動の単なる結果でしかないということを氏は決して結論しえないのだ。一方で獣は感じうる存在だということを証明し、もう一方で獣は純粋に物質的な存在だということを証明するというだけは十分でない。この二つの命題について、その一方から他方を説明しなければならないのである。ところがビュフォン氏はこれを全く説明していないし、説明しようとさえしていない。それはもともと不可能なのである。そうであるにもかかわらず、氏は自分の仮説に人が疑いをもつかもしれないなどとは全く思ってもいない。それにしても、その証明自体をこれほど大きく破壊せざるをえないような〔自己矛盾的な〕証明とは何という代物だろうか。

第4章　人間以外の動物が純粋に機械的であり、かつ同時に感じうるということの想定においても、彼らがもし認識能力をもっていないとすれば、自分の自己保存のために気づかうことはできなくなるであろうということ。

〔物質的・生理的〕メカニズムが、それだけで〔人間以外の〕動物の行動を調整できるというのは、理解できない話である。確かに、外部感官に与えられた振動が内部感官〔＝脳〕へと伝わるということ、内部感官においてこの振動が一定の長い時間にわたって保存されるということ、その振動が〔再び〕動物の身体全体に広がっていくということ、そしてそれが動物に運動を伝えるということ……。これらのことは理解することができる。しかし、この段階においてはまだ、それはとりとめないうごめき、もしくは一種の痙攣にすぎない。もっときっぱりとした〔＝意図的な〕動物の運動、すなわち、自分にとって敵対的なものから逃げたり自分にとって益になるものを追い求めたりする運動が、どうして生じるのかを説明する仕事が残っている。そして、内部感官〔＝脳〕の働き自体を調整し、それぞれの状況に相応《ふさわ》しい様々な運動を身体に与えるために、認識が絶対的に必要となるのは、この段階なのである。

ビュフォン氏はそうは考えてはいない。そして、「かつてはこの問題に関して疑念がつきまとっていたのではあるが」、「自ら打ち立てた諸原理を用いることによって、この疑念を解消せしめ、確信できる解答へと到達した」（HN, in - 4° IV, p. 35-36, in-12 VII, p. 48-49, Pl, p. 451）と、氏はそう自負するのである。

氏は、感官を二種類に区別する。ひとつは認識に関わるもので、触覚と視覚〔の器官〕[18]。もう一つは本能や食欲〔appétit＝動物的欲求〕に関わるもので、味覚と嗅覚〔の器官〕。そして、これらの振動について注意を喚起した後で、氏は「この振動が食欲とは関わらない感官〔＝触覚と視覚〕によって引き起こされる場合」には、運動があてどなく不確かなものになりうると認める。しかしこれに対して、「食欲に関わる感官〔＝味覚と嗅覚〕によって印象がもたらされる場合には、運動は決然たるものになる」と、理由を示すこともなくそう断言するのである。たとえば氏はこう請け合う。すなわち、〔人間以外の〕動物は生まれた瞬間から、「乳の流れによって嗅覚の感官が揺すぶられる」やいなや、「自分を養ってくれるものの存在と、それを求めるべき場所を告げ知らされる」[19]のである……と。

氏は、このことをただ断言するだけで、読者に自説を確信させることができると信じている。

あることがらを説明するとき、決まり文句のように流通している言葉を使って難問を切り抜けさえすれば、その難問に満足な答えを与えられたのだと信じることは、哲学者にとってごくありきたりのことにすぎない。「本能〔instinct〕」とか「獣欲〔appétit〕」とかいった言葉がその例である。こうした言葉がどんな具合に体系〔＝学説〕の中に導入されたかを検討してみれば、その言葉を説明原理としている当の体系がいかに脆《もろ》いものであるかが分かるであろう。

我々人間は、自分たちが最初に身に付けた習慣がどんなものであったかを、その起源にまで遡って観察することができない。そのために、哲学者はこれまでずっと、我々の運動の大部分を説明することができなかった。そして彼らはこう言ってきたのである。「それらの運動は自然的なものであり、機械的なものである」、と。

こうした習慣を我々は観察しそこねてきた。というのも、それらは、我々が自分でも思い返すことのできない〔ほど幼い〕頃に形成されたものだからである。触ったり、見たり、聞いたり、嗅いだり、害のあるものを避けたり、益になるものや栄養のあるものを捕らえようとしたりすること――要するに、動物が自己保存のために最も必要な運動――に関わる習慣は、全てこういう〔＝その習得が忘れられてしまった〕習慣なのだ。

このこと〔＝初期の習慣獲得〕が分からないために、身体の欲求の限界内にある欲望とそうでない欲望とが――本当は単に対象が違っているというだけであるにもかかわらず――、本性上、互いに全く違うものだと人は信じてしまった。そういう欲望には「獣欲」の名が与えられ、確固たる原理であるかのように、次のような説が打ち立てられた。すなわち、獣欲〔＝生理的欲求〕に駆られている人間は、ただの機械仕掛け〔＝メカニズム〕の衝動か、あるいはせいぜいのところ、認識を欠いた感覚にひたすら従属することとしかしないのだ……と。これが、いわゆる「本能によって行う」と人が呼んでいるものなのである。ここから、ただちに人は次のように推理する。すなわち、このような視点から眺められた人間は徹頭徹尾物質的な存在であり、もし我々人間が一定の認識に基づいて行動できるならば、それは、獣的な仕方で欲望する〔appéter〕こうした物質的原理とは別に、〔精神的な仕方で〕欲望〔désirer〕したり考えたりする、より高次の原理が我々人間には存するからなのだ……というのである。

＊（原注）「本能〔instinct〕」とは元来、語源学の教えるところでは、「衝動〔impulsion〕」と同じものである。

以上のことの全てが正しいと仮定すれば、もしかりに本能的な欲望の原理だけに限界づけられているとしてもなお、人間が自らの自己保存のために気づかう〔かのような行動をとる〕であろうことは明らかだ。したがって、獣から認識を剝奪し〔＝獣を認識なき存在とみなし〕た上で、その状態においてもなお獣はきっぱりとした〔目的的な〕行動をとるだろうと、そう彼らは認めることができるのだ。〔そう考えるためには〕「印象が獣欲〔＝食欲〕に関わる感官からやって来る」という風に想像するだけで十分である。なぜなら、獣欲がしばしば、我々人間の行動をこれほど〔巧みに〕調整するのだとすれば、それはまた獣の行動をも常に調整するであろうから……というわけだ。

それゆえ、なぜ目から内部感官〔＝脳〕への作用が、動物にはとりとめないうごめきしか与えないのかと問われれば、それについて彼らの示す理由は明瞭でもっともらしいものになるだろう。それはすなわち、「この器官〔＝目〕は獣欲と無縁の器官であるから」というわけだ。そして反対に、嗅覚の器官から内部感官への作用が、きっぱりとした〔目的的な〕運動を与えるのかと問われた場合、そこにもはや困難はあるまい。それは、「この感官〔＝鼻〕が獣欲に関わるから」というのである。*

＊（原注）ビュフォン氏は、これ以外の理由を挙げていない。これについて私は、これらふたつの感官〔＝目と鼻〕とも、それだけでは、とりとめないうごめきしかもたらせないと、そう考えている。動物の新生児が見るということ

を学ぶ以前には、目は彼らを導くことができない。もし嗅覚が、〔視覚より〕早い段階で動物を導きはじめるのだとすれば、それは嗅覚がより早く触覚からの教えを受けはじめるからであろう。

私が思うに、これこそ〔悪い意味での〕「哲学的な」語り口がいかにしてできあがるかをよく示している。そして、嗅覚は教育される必要がないとか、嗅覚は獣において第一の感官であるとか、獣においては嗅覚だけで他のあらゆる感官の代役を務めることができる……などとビュフォン氏が言うのは(HN, in - 4° IV, p. 31-50, in-12 VII, p. 43-70, Pl, p. 448-459)、氏がこういう語り口にすっかり順応している証拠なのである。

もし氏が、視覚を扱ったときに採用した諸原理を嗅覚にも応用していたならば、氏は右とは違う判断を下していたであろうと私には思われる。一般化とは、まさにこういうところでなされるべきであったのだ。

その原理に従えば、〔誕生直後の〕最初のうちは、動物はあらゆるものを自分自身の内側に見る。なぜなら、〔外的〕対象のイメージは、彼らの目の中に存在するからである。*ところで、光線によって写しとられたイメージというものは、匂いの感覚がそれを感じる神経に生じる一種の振動であるのと同様に、視神経に生じる一種の振動にすぎない……ということに、おそらくビュフォン氏は同意するであろう。であるとすれば、もののイメージは、この神経の振動に置き換えることができる。これを踏まえて、視覚に関して論じたのと同様のことを嗅覚に関して論じてみれば、〔嗅神経の〕振動もまた鼻のなかでしか生じておらず、それゆえ動物は、匂いを発する対象の全てを自分自身の内側に感じて〔sentir = 嗅いで〕いるのだと、そう言えるのである。

＊（原注）〔ビュフォン氏は視覚については正しくこう述べている。〕「触覚がなければ、あらゆる対象が自分の目のなかにあるように我々には見える。なぜなら、対象のイメージは実際、そこに存するからだ。そして、まだ何かに触れたことのない新生児は、あたかも対象の全てが自分自身のなかにあるかのように感じるに違いない」。（HN, in-4°. III, p. 312, in-12 VI, p. 11-12, PUF, p. 307）

しかし……と氏は言うかもしれない。獣においては、嗅覚が他の感覚に比べてはるかに優越している。つまり、あらゆる感覚のなかで最も鋭敏なのだ……と。[20] だが、このことは果たして真実であろうか。このように一般的なことが経験上確かめられているのだろうか。ある種の動物においては、視覚がきわめて優秀なのではないか。また別の種の動物においては、触覚がそうなのではないか。しかも、この〔獣では嗅覚が最も鋭敏だという〕命題がかりに正しいとしても、そこから引き出せる結論とはせいぜい、嗅覚とはその感覚神経が最も容易に、かつすばやく振動するような感覚である……ということだけである。しかし、嗅神経の振動が容易ですばやいからといって、嗅覚が他の感覚よりも直接的にその匂いの対象のある場所を指し示すということになるとは、私には思われない。目が開いてはじめて光の方に向けられたとき——目が最も鋭い嗅覚器に比べてさほど「鈍い」＊ものではないと仮定したとしてもなお——目は全てのものを目自身の中に見るのではなかっただろうか。〔だから、鼻でも同じことなのだ。〕

＊（原注）この「鈍い〔obtus〕」という言葉は、〔ビュフォン氏の議論において〕なぜ嗅覚が、生まれたばかりの人間

の新生児にはっきりとした〔目的意識的な〕運動を与えないのかということを説明するために使われている。ビュフォン氏の言うところでは、人間の場合、動物と比べてこの嗅覚がより鈍い〔obtus〕から、そうなるというのである（HN, in - 4° IV, p. 35, in-12 VII, p. 48-50, Pl, p. 450）。だが、それが鈍かろうと鈍くなかろうと、この感官のうちに、どこか〔自我の外部〕に栄養になりそうなものがあると示唆してくれるものは何もない。

にもかかわらず、人は「本能」だとか「獣欲」といった言葉を繰り返すことで満足してしまい、世間の先入観をもってこの問題に対処するようになるや否や、動物の行動の理由を機械的メカニズムのなかに発見してみせることしかもはやすることがなくなってしまう。これこそビュフォン氏がやろうとしたことである。しかしその推論は、氏の原理の不十分さを証明しているように私には思われる。これについて、例をふたつ挙げてみよう。

ここに一匹の犬がいて、それは「激しい食欲〔＝獣欲〕にかられているにもかかわらず、その食欲を満たしてくれるもの〔＝獲物〕に触ろうというそぶりを見せず、また実際にも触りはしない。だが同時に、その獲物を自分の主人に捕《つか》まえさせ、その手からもらおうとして大いに動き回る」……。こういう犬を想定した上で、ビュフォン氏はその動物の内部感官〔＝脳〕のなかに三種類の振動を区別する。第一の振動は、獣欲の感官〔＝鼻〕によって引き起こされるものであって、ビュフォン氏によれば、それは犬を獲物めがけて突進させようとする。しかし、別の振動が起こってその犬を引き止めようともする。それは、かつて犬が獲物を独り占めしようとしたために主人からぶたれたときの痛みによる振動である。そこで犬は、中立状態のなかにとどまることになる。というのは、氏の言うところでは、このふたつの振動は反対方向で同程度の強さをもち、互いに相殺しあうような力であるからだ。ここでさらに、第三の振動が登場する。それは、かつてその主人が〔褒美として〕この犬に食欲の対象たる肉塊を見せたときに生じた振動である。そして、「この三番目の振動には、それを相殺させる反対方向の振動が何もないので、動き回る運動を実際に引き起こす原因となる」というわけだ(HN, in - 4° IV, p. 38, in-12 VII, p. 53, Pl, p. 452)。

私がまず注目するのは以下のこと――すなわち、もしこの犬の内部で生じていることが、ビュフォン氏が考えるように、右の〔メカニックな〕ことだけであるのだとすれば、犬の中には快感も苦痛も感覚もないということ――である。つまり、物質的な内部感官〔=脳〕の振動と呼ばれる運動、それについて何らの観念も思い浮かばないような、そういう運動しかそこには存在しないことになる。ところで、もし動物が何も感じていないのだとすれば、動物は獲物に飛びかかることやそれを自制することに何の関心ももっていないということになるだろう。〔それはそれで理解できる話だが。〕

次に私は、こう考える。もしかりにこの犬が、〔右の仮説に従って〕ボールが押されるように、正対の方向をもつ等しい二つの力によって押されているのだとすれば、犬は動かないままでいるだろうし、もしこの二つの力のいずれかが優勢になったら、動き始めるであろう。〔それも理解はできる。〕しかし、これらの振動が逆向きの方向付けを与えると想定する前に、そもそもそうした振動が、〔飛びかかったり自制したりするという〕具体的な運動規定を与えるのだということを氏は証明しておかねばならなかったはずである。だが、この点をビュフォン氏は全く気にかけてはいない。

結局私にはこう思われる。つまり、快楽や苦痛〔といった内的感覚〕だけが、こうした犬の運動におけるバランスの拮抗を引き起こしうるものなのであって、犬は自ら経験するところのこうした感覚を比較し、望むべきことや恐れるべきことについてあれこれと判断を下して、はじめて躊躇したり決断したりするようになるのだ、と。このような解釈は通俗的だとビュフォン氏は言うだろう。私もそれを認める。しかし、私の解釈には少なくとも一つの利点がある。それは、人がこれを理解できるということである。

ミツバチの労働の産物〔＝巣〕についてビュフォン氏が与えた説明は、我々にふたつ目の例を提供してくれる。この説明にはたった一つの欠陥しかない。それは、観察とは全く反対のことがらを想定しているということだ。

〔同じ形をした〕自動人形が一万個集まれば、均整のとれた見事な作品〔＝巣〕を作りだすだろうと、氏はそう想定しているのだが（HN, in - 4° IV, p. 98, in-12 VII, p. 140, Pl, p. 487）、もし以下の条件が全て満たされるならば、この想定に同意してもよい。条件の一。それらの各個体において、その外部的・内部的形状が正確に同一であるということ。条件の二。〔各個体の〕運動が同じで斉一的であるということ。条件の三。各個体は相互に、同じ力でもって働きかけあうということ。条件の四。各個体は、ある瞬間に一斉に動き始めるということ。条件の五。各個体は常に揃って行動し続けるということ。条件の六。各個体は全て同じものしか作らず、また所与の規定された一つの場所においてしかそれを作らないように決定され〔＝仕組まれ〕ているということ。

しかし、この一万個の自動機械を一万匹のミツバチに置き換えてみれば、右のような諸条件が厳密には満たせないことは明らかである。どうしてビュフォン氏がそのことに気付かなかったのか、私には理解できない。一万匹のミツバチの外部的・内部的形状が正確に同一だということはありえないこと、各個体における運動や力が全く同じで斉一的であるということもありえないこと、そして、それらの個体は全く同じ瞬間に生まれたわけではないし、変態〔＝脱皮を繰り返し、形態を変える昆虫の成長〕を遂げたわけでもないのだから、常に揃って行動するわけではないということ、つまりは、彼らが所与の規定された一つの場所においてしか行動しないように決定されているどころか、しばしば、一方の側から他方の側まで広がって展開するということ……。これらの諸点に気付くのはそれほど難しいことではない。

それゆえ、ビュフォン氏の機械論は、全体として何も説明してはいない*。氏は、証明すべきことを、逆に前提してしまっているのだ。氏の議論は、本能だの獣欲だの〔感官や脳の〕振動だのといった曖昧な観念にしか支えられていない。そして、様々な獣はそれぞれの種のもつ欲求の程度に比例した一定の認識をもっていると認めることがいかに不可欠であるかということが、はからずも明らかになるのである。

＊（原注）〔獣の〕怒りやすさに関する、ハラー氏の論文が最近翻訳された（校注―『ハラー氏による動物の怒りや苦しみに関わる部位に関する論文――ラテン語からのティソ氏による仏訳』〔*"Dissertation sur les Parties irritable et sensibles des Animaux par M. de Haller"*, traduite du latin par M. Tissot, Lausanne, 1755〕）。自らが発見した諸原理を一般化するすべを知っており、とりわけ――これが最も難しく世にも稀なのだが――その一般化を適正な範囲内にとどめておくすべをも弁《わきま》えている、賢明なこの自然の観察者〔ハラー氏〕は、上述した〔神経や脳の〕振動という想定の全体を退《しりぞ》けている。彼は、感受性の諸原理（校注―『動物論』初版においては「感受性の第一諸原理」）を、人間が発見できるとは考えていない。彼は言う。「この点について言いうることは、私があえて踏みこまないような類いの推測の手前に限界づけられる。私は、自分が知らないことであるにもかかわらず、それについて何ごとかを人に教え

たいなどとは決して思わない。自分でもよく分からない道へと人を導こうとする虚栄心は、私には無知の最低段階のように思われる」。だが、ベーコン以来、経験を数多く増やさねばならないとか、原理の過度の一般化を恐れるべきだとか、恣意的な仮定を避けねばならないとかいったことがしきりに叫ばれてきはしたが、あまり効果がなかった。ベーコンやハラーのような人たちも、現代の自然学者たちが悪しき体系をこしらえたり手直ししたりするのを止《と》められなかったのである。ハラーらの努力にもかかわらず、この啓蒙された世紀はそうした妄想〔＝振動の力学による動物・人間の解明〕に拍手喝采を送ることになるだろう。そして、それらの誤謬の全てを一掃し、そういう誤謬を支持してきた学者たちについて正しい判断を下すことができるようになるのは、後世の人々の仕事になるであろう。

ハラー氏は、ある書物の序文——この序文は一七五一年にフランス語に訳された——において、動物の発生に関するビュフォン氏の学説に断固たる批判を加えている。（校注—『生殖・発生をめぐるビュフォン氏の学説に関する考察』〔Haller, *"Réflexions sur le Système de la Génération de M. de Buffon"*, Genève, 1751〕これは、ハラーによるビュフォンのドイツ語訳序文であり、ドイツ語訳ビュフォン著作集第二巻の冒頭に置かれたものである。）

獣に関しては三つの意見がある。普通の人々は皆、獣は感じもするし考えもすると信じている。スコラ学者は、感じはするが考えはしないとみなしている。デカルト主義者は、全く何も感じない自動人形と理解している。ビュフォン氏は、このうちのどれを自分の意見としても、それ以外のふたつの説を支持する人を怒らせてしまうことになるので、それぞれの意見から少しずつ取ってくることを思いついたのだと、そんな風に言うことができるかもしれない。つまりビュフォン氏は、世間の人々と共に獣は感じると言い、スコラ学者と共に獣は考えないと言い、デカルト主義者と共に獣の行動は純粋に機械的な法則にしたがってなされるのだと言っているのである。

第5章　獣は比較し、判断するということ。獣は観念をもち、記憶をもつということ。

これらの諸能力〔＝機能〕の全てを獣がもっているということを証明することは容易である。それを証明するには、他ならぬビュフォン氏の原理に従って一貫した推理をするだけで十分だろう。

氏はこう言っている。「無機物〔matière inanimée〕は、感情も感覚も自己存在の意識ももたない。これらの能力のいずれかが無機物にもあると認めることは、我々人間がするのとほとんど同じような順序と仕方で考えたり振る舞ったり感じたりする能力を、無機物にも与えることになってしまうであろう」、と（HN, in-4° II, p. 3-4, in-12 III, p. 4, Pl, p. 135）。

ところで、氏は別の箇所で、獣が感情や感覚や自己存在の意識をもつことを認めている（HN, in-4° IV, p. 41, in-12 VII, p. 69-70, Pl, p. 453-4）。であるとすれば当然、獣は我々人間がそうするのとほとんど同じような順序と仕方で、考え、振舞い、感じるということになるだろう。この証明はしっかりしている。もうひとつ他の例を引こう。

氏によれば（HN, in-4° III, p. 308, in-12 VI, p. 5）、「単純で真っ直ぐな対象を見るときの感覚〔＝視覚〕は、それに触れることによって引き起こされる魂の判断に他ならない。もしかりに我々が触覚を奪われていたとすれば、目はその対象の位置関係〔position ＝上下関係〕についてだけでなく、その数についてすら我々を騙《だま》すであろう[21]」。

氏はまた、我々の目がはじめて光に向って開かれたとき、その目はものを自分自身の内部においてしか見ないのだと〔正しく〕考えている。目がものを自分の外側に見ることを学ぶのはいかにしてであるかということについて氏は何も語っていないが、氏の原理自体に基づけば、それは「触覚によって引き起こされる魂の判断の結果」以外のものではありえまい。

だとすれば、獣には魂がなく、何も比較せず、何も判断しないのだと想定することは、獣は全ての対象を自分自身の内に見たり、それらを二重に、また倒立して見たりしているのだ……と想定するのと同じである。

ビュフォン氏は、自分自身でも次のことを認めざるをえなくなっている。すなわち、人間の場合と同様、獣の場合もまた、彼らがものを〔外部に〕見るのは、もっぱら「彼らが繰り返しの習慣によって、視覚の感官から受ける印象に味覚や嗅覚や触覚の感官から受ける印象を結合したという理由からだ」(HN, in - 4° IV, p. 38, in-12 VII, p. 52, Pl, p. 452) ということを、彼は認めているのだ。

にもかかわらず、獣が比較を行うとか判断を下すという言い方を氏は避けようとするのだが、それは無駄な抵抗である。なぜなら、「結合する」という言葉は、もしそれが比較し判断するということと同じでないのだとすれば、何も意味しないからである。

ある一匹の動物が自分自身の外部に色や音や匂いを知覚している……と見なせるためには、次の三点が必要である[22]。ひとつは、彼が、こうした感覚をもたらしている当の対象に触れるということ。もうひとつは、視覚、聴覚、嗅覚から受けるその印象を、触覚から受ける印象と比較すること。最後のひとつは、それの色や音や匂いが、自分が摑んで〔＝触れて〕いる対象の中にあるのだと判断すること、この三点である。もし、彼が対象に触っていたとしても、〔他の感覚と〕何の比較もせず判断もしないとすれば、彼はその対象を自分自身のうちにしか見ず、聞かず、嗅がないという状態にとどまり続けるであろう。〔しかし実際はそうでないから、彼らは比較し、判断しているのだ。〕

ところで、このようなこと〔＝比較・判断〕をする動物は全て、観念をもっていることにもなる。なぜならビュフォン氏によれば、「観念とは比較された感覚、もしくは感覚の連合〔association〕に他ならない」（HN, in - 4° IV, p. 41, in-12 VII, p. 69, Pl, p. 453-4）のであるから。あるいは、もっと明晰に語れば、次のように言えよう。すなわち、動物は観念をもつ。なぜなら動物は、外的対象やその対象が自分に対してもっている関係を表象せしめるような、そういう感覚をもっているからだ……と。

動物はまた、記憶〔mémoire〕ももっている。なぜなら、あれほど精密かつ確実に、嗅覚や視覚に関する〔＝それらの諸感覚と触覚とを結合する〕判断を下す習慣を身に付けるためには、ある状況において抱いた判断と、過去の様々な状況下で抱いた判断とを何度も比較しているはずだからである。ところで、たった一度の判断では、こうした比較が可能になるような経験は決して得られまい。それゆえ、もし過去の判断に関する思い出〔souvenir〕が無いとすれば、百回目の判断であろうとも、そこでは何の経験ももたらされないだろう。その判断は、この動物にとっては、ただ一度きりの判断であり、また最初の判断であることになってしまうであろうから。* 〔だとすれば、動物は比較をせず、判断の習慣も身に付けないことになるが、実際は違うから、やはり動物にも記憶があるのだ。〕

＊（原注）ビュフォン氏はこう言っている。「人間以外の動物の情念〔passions〕は、感覚〔sentiment〕の経験──すなわち苦痛や快楽の場面が反復されることや、かつて経験された同種の感覚〔sensation〕が再現されること──の上に成り立つ」、と。正直なところ、私にはこの「経験」の定義は理解しがたいが、それはさておき氏はこう続けるのだ。「自らの力を感じているような動物──すなわち、自らの力を経験し、彼我の強さを推し量り、他よりも自分が強いということを知った動物──の中には、自然的な勇気が見いだされる」（HN, in - 4° IV, p. 80, in-12 VII, p. 114, Pl, p. 477）。

この表現を嚙みしめれば嚙みしめるほど、我々はますます、ここでは人間以外の動物にも判断や記憶が認められている……と考えないわけにはいかなくなる。なぜなら、「推し量る」というのは判断することであるからだ。さらには、もしかりに動物に記憶がなく、自分が他よりも強いことに気づいたということを思い出すこともないのだとすれば、氏が動物に想定している勇気などというものも、実際には無い……ということになってしまうであろうからだ。

ビュフォン氏自身、獣の中にも一種の記憶を認めてはいる。もっとも「それは感覚の再生、より適切には、その感覚を引き起こす振動の再生のなかにしか存しない。それは、物質的な内部感官〔＝脳〕〔の振動〕の再生によってしか生じない」……というようなものであり、氏はこの記憶を〔いわゆる記憶と区別して〕「レミニサンス」と呼ぶのであるが[23]。

しかし、レミニサンスが単なる運動〔＝脳や神経の振動〕の再現にすぎないのだとすれば、懐中時計にもレミニサンスがあると言えることになるであろう。この場合、それが〔振動という意味での〕諸感覚の再現に他ならないのだとすれば、それは動物にとって何の役にも立たないものになるはずだ。ビュフォン氏の次の発言はその証拠である。「もしかりに、記憶というものが過去の感覚〔＝振動〕の再生でしかないとすれば、そうした過去の感覚が我々人間の脳に蘇《よみがえ》ったとしても、何らはっきりとした印象をもたらさないだろう。それら様々の感覚は、順序も脈絡もないようなとりとめのない形で押し寄せるだけであろう」（HN, in-4° IV, p. 56, in-12 VII, p. 78, Pl, p. 462）。ところで、このように脈絡もなく、はっきりとした印象ももたらさずに押し寄せる、とりとめのない感覚を再現せしめるという記憶――それがかりに記憶の名に値いするとしても――が、一体何の役に立つというのであろうか。ともあれ、このような〔無力で機械的な〕記憶が、ビュフォン氏が獣に認める唯一の記憶なのである。

氏はまた、眠っている人に対しても、目覚めている人がもつような記憶を認めない。というのも、「人間以外の動物は知性や記憶をもたないという新たな証拠」を手に入れるためには、夢というものが魂とは全く無関係に生じるということ、夢は単なる物質的レミニサンス〔＝脳の振動の再生〕の結果であること、そして、夢は物質的な内部感官〔＝脳〕の内部の中にのみ存すること、こうしたことを証明できなければならないと氏は考えるからである。以下は、そのために彼が提示している証明である（HN, in-4° IV, p. 62, in-12 VII, p. 86, Pl, p. 466）。

氏は言う。「魂の働かない痴愚者も、普通の人と同じように夢を見る。それゆえ、夢というものは魂から独立に生じるということになる。なぜなら、痴愚者において魂は何も生み出さないのだから」。

何と驚いたことに、痴愚者においては魂に何の働きも無く、痴愚者の魂は何も生み出さない……というのだ。ところで、ビュフォン氏にとっては、このことはきわめて明瞭であるらしい。というのも、彼はただそう推測するだけで満足しているからである。だがしかし、周《まわ》りのものを触ったり見たり嗅いだりし、そして、己の欲求にしたがって自らの身体を動かしているのは、痴愚者の魂なのだ。

〔これはおかしな推測だが〕しかし氏は、魂が何ら関与しない夢なるものを早々と発見したと思い込んでいるので、魂が生み出すような夢などは存在しないとか、それゆえ全ては「物質的な内部感官のなかにしか存しない」といったことが、氏にとってはすでに証明済みのものと映るのである。氏の原理とは、夢の中にはいかなる観念も比較も判断も持ち込ませない、ということである。氏は自信たっぷりにこの原理を押し進め展開する。なぜそんなに自信たっぷりでいられるのかといえば、おそらくは、氏が自分の夢の中にそうした観念や比較や判断を見いださない、という理由からであろう。だが、このことはただ、ビュフォン氏が我々普通の人間のような仕方では夢を見ないということを証明しているだけである。

それはともあれ、獣は比較し判断するということ、獣は観念や記憶をもつということ。これらのことを、ビュフォン氏自身が〔期せずして〕証明しているように、私には思われる。

第6章　諸感官についてビュフォン氏が行った考察の検討

獣は思考すると考える哲学者たちは、この見解を証明するために多くの推論を積み重ねてきた。しかし、最も堅固な証明を手にすることはできなかった。我々が普通に見ているようにものを見るためには、ただ目を見開きさえすればよいのだという先入観に囚《とら》われていたせいで、彼らは種々の動物たちがそれぞれの感官を使用する習慣の中に、魂の働きがどう介入しているのかを弁別できなかったからだ(24)。彼らは、我々人間自身もまた、自分の感官を機械的、本能的な仕方で使用しているのだと考えたのであるが、そのことによって、獣が純粋な自動人形だと考える人々〔＝論敵〕に強力な援軍を送ったのである。

もしビュフォン氏がこの感官に関する問題をもっと深く考察していたら、氏は動物の行動を機械論的に説明する〔という無駄なことの〕ために、あれほどの努力を傾けなくてもよかったであろうに……と私は思う。仮説の基礎に関して疑わしい点を残さないようにするためには、それゆえ、氏を陥れた誤り、少なくとも、真理に対して氏の目を塞《ふさ》がせた誤りの全てを破壊しておかねばなるまい。ある人々の言うことを信じるなら、氏の著作のこの部分に依拠して〔私の〕『感覚論』は書かれたのだということになるのであるが〔そういう誤解を解くためにも〕……(25)。

目は、氏が考察の最初に取り上げた感官である。詳細な解剖学的考察――それは私の研究目的からみれば不要であるが――の後で、子供は〔誕生後の〕最初のあいだ、あらゆる対象を二重にかつ倒立した形で見るのだと、そう氏は言う（HN, in-4° IV, p. 307, in-12 VII, p. 4-5.）。

氏によれば、この段階でも、目はそれ自体だけで対象を見ている。そのとき目は、後に触覚のレッスンを受けるようになったときと比べて、半分以上の見え方でものを見ている。つまり、〔触覚のレッスンを受けない〕目でも、ものの大きさや形や位置は見て取るのであり、ものの数〔＝一重・二重〕と上下関係〔＝正立・倒立〕だけが混乱する……というのだ。触覚が目を教育するために不可欠であるとしても、それは目に物を見ること自体を教えるためにというよりも、目が陥っている誤りを排除することを教えるためにだ、というわけである。

バークリはこれとは別な風に考えたが[26]、さらにヴォルテールは、このイギリス人〔＝バークリ〕の見解に新しい説明を与えている。* ビュフォン氏は、どの点でこの二人が誤ったのかを示し、目が対象を自然に見ると想定することに自分は満足できない旨を述べているが、確かに彼らには、氏のこの批判を受けてしかるべきところがある[27]。

この〔目が対象を自然に見るという〕想定が、普通の読者にとってはことさらな証明など必要としないということは確かである。それは我々の先入観に完全に合致している。延長〔＝空間的な広がり〕を見ずに色を見ることが目には可能だなどと想像することは、普通の人には常にきわめて困難であろう。〔色を見れば当然延長も見ているだろう。〕ところで、もし目が延長を見てとるのだとすれば、大きさも形も位置関係も、目は見てとるはずである〔と、人はそう考えるのである〕。

＊（原注）ヴォルテールは言う。「以下のことがらを、絶対的な仕方で結論せねばならない。すなわち、正確に言えば、距離、大きさ、上下の位置関係などは可視的なものではなく、視覚の固有で直接的な対象ではないのだ、と。視覚の直接的な対象とは、様々な色合いの光以上のものではない。それ以上のもの〔＝距離、大きさ、位置関係など〕は、経験を積み重ねることによっていつか感じられるようになるものであるにすぎない。ちょうど、話したり読んだりすることを我々が学んだように、見ることも学ばねばならないのである。両者の違いは、見る技術は〔言葉の技術〕より容易であることと、〔言葉の習得の場合とは違って〕自然が人間全体にとって共通の教師役を務めてくれるということだ。

ある一定の年齢になると、我々の魂に判断が加わって、ものの距離や大きさや位置関係を把握するようになるが、その判断が瞬間的に、また万人において同じようになされるので、我々が現に見ているような仕方でものを見るにはただ目を見開きさえすればよいのだと、そう我々は思っている。しかしそれは誤りであって、目には他の諸感官（ひとつの感官）の援助が必要なのだ。もしかりに人間が視覚しかもっていないとすれば、延長〔＝空間〕を長さや広さや深さという広がりの中で認識する手立てがなくなってしまうであろう。〔目だけの〕純粋精神といったものがあるとすれば、おそらくそれは――神の啓示でもない限り――延長を認識しないであろう。〔これに対して触覚と視覚を協同させている〕我々の知性においては、対象の広がりをその色から引き離すことはきわめて困難である。我々は皆、延長のないところに何も見ることはできないし、実際そこに自分が延長を見ていると信じるようにできているのである」〔『ニュートン物理』第七章〕。

ところが、目はそれ自体ではこうしたもの〔＝大きさ、形、位置関係〕を知覚しないのであって、それゆえ、ビュフォン氏が目のせいにしている誤謬〔＝二重視・倒立視〕に、目が陥ることもありえない。実際、あのチェゼルデンの盲人も(28)、対象が二重に見えるとか、それを触ったときとは逆の上下関係に見える……などとは言わなかったのである(29)。

しかし、網膜に映ったイメージ〔=写像〕は倒立しているし、二つの眼球の中に映ずる像は二重になっていると、そうビュフォン氏は言うだろう（HN, in - 4° III, p. 308-9, in-12 VI, p. 67）。これに対して私は、このような〔=倒立していたり二重であったりするような〕イメージなどどこにもありはしない、と答えよう。するとさらに氏は、いや本当はそういう風に見えているのだと答え、暗箱〔=ピンホールカメラなどの光学装置〕における見え方の経験を引き合いに出すだろう。しかし、こうしたことは何の証明にもならない。なぜならば、色が全く無いところには何のイメージも無いであろうが、対象の上に色が無いのと同様、網膜の上にも暗箱のスクリーンの上にも色は無いのであるから。[30]〔対象に色が無いという点について一言すれば、〕対象は、光線を反射するという以外の属性をもってはいない。そして、ビュフォン氏の原理それ自体に従えば、網膜の中にはただの振動しか存在しないことになろう。ところで、振動は色ではないから、それは魂の変様の機会原因[31]でしかありえないということになるはずである。

感覚の物理的・生理的原因が〔目が二つあるために〕二重になっているとか、光線が対象自体のあり方とは上下逆に像を結ぶといったことは、ことがらの本質から外れた議論である。そのようなことを持ち出しても、魂の中に二重で上下逆の感覚がある……などということを信じる理由にはならない。それ自体ではいかなる上下関係も受け付けないような、そういう魂のあり方しかそこには存在しえないのである。視覚像を、ものの表面にあちこち触れつつ、その表面（校注—初版では les surfaces と複数形）にまで押し広げていくことを目に教えるのは、触覚の仕事である。こうして目がひとたび教育されたとき、はじめから目はものを二重に見たり上下さかさまに見たりはしていない。目は必然的に、触覚が知覚する大きさと同じものを色づけされた形で、しかも触覚が知るのと同じ数、同じ上下関係で見ているのだ。目がもともと陥るはずのない誤謬から目を救うために触覚が目を正さねばならない……などと考えることは奇妙である。(32)

では、ときとしてものが二重に見えるのは――私の原理に即していえば――どうしてなのかと、こう尋ねる人がおそらくいるだろう。これを説明するのは容易である。

触覚が目を教育するとき、触覚はこのふたつの目に、それぞれの視線をひとつの同じ対象に向け、視線がその同じ場所で交わるような角度で見るような、つまり、ふたつの視線の各々をひとつの地点に集中させひとつの感覚に関連付けるような、そういう習慣を付けさせるのだ。なぜ両目がものを二重に見るのかというのは、こういうわけである。

ところが、こういう習慣が付いた後で、何らかの原因が働いてふたつの視線が正しい点において交わるのを妨害したとすれば、当然この両視線は〔見つめている対象とは〕異なる場所で落ち合うことになる。だがふたつの目は双方とも、同じひとつの対象を見続けようとするだろう。というのも、ふたつの目にはそういう習慣ができていて、双方が同じ感覚を自分の外部において結びつけようとするからである。だが、目は二重にそれを見てしまう。なぜなら、同じ地点においてこの感覚を重ねることが目にはできないからである。たとえば、片方の目の端を押してみたときなどに起こる現象が、これなのだ。

目〔＝両目〕がものを二重に見ることがあるというのは、それゆえ、触覚が目に付けさせたところの習慣にしたがって目が判断するからなのである。それゆえ、我々はビュフォン氏の次のような見解に賛成するわけにはいかない。つまり氏は、はじめは二重に見ていたのに、後で一重に見るようになった斜視の人の実験〔＝手術〕を引き合いに出して、そのことが、「我々も実際には対象を二重に見ているのであって、それを一重のものと判断しているのはただ習慣のせいなのだということを証明している」（HN, in-4° III, p. 311, in-12 VI, p. 10）と言うのである。しかし、〔斜視の人の〕この実験は単に、この人の目はもはや斜視でなくなったということを証明しているか、あるいはふたつの目が、適切な視線の位置関係に即してものを見る見方を学んだということを証明しているだけのことである。

以上が、視覚についてのビュフォン氏の原理である。次に、聴覚に関する氏の発言の検討に移ることにしよう。

聴覚がいかなる距離の観念をももたらさないことを考察した後で、氏は次の点に注目する。すなわち、音叉〔＝音響体〕が叩かれるとき、その単音〔son〕は波動のように繰り返される、と。これは疑いようのないことである。しかしここから、氏はさらに次のような結論を導く。つまり我々は、自然的には、たくさんの異なった音〔sons〕を聞いているはずなのであって、ひとつの音しか聞いていないと我々に信じ込ませているのは習慣のせいなのだ、と。[33] そして、このことを証明するために、氏は彼自身が経験したことを報告している。「あるときベッドでまどろんでいるとき」、氏は時計が時を告げるのを聞いた。それは五時を告げた〔五回鳴った〕ように聞こえた。しかし、そのとき実際は一時でしかなく、時計の鐘も全く故障などしていなかったので、一回より多くは鳴っていなかったのだという。ところで、ここから氏は次のような結論を引き出すのであるが、そのためにはほんの少し反省してみるだけで氏にとって十分だったらしい。その結論とはつまり、氏が「そのとき生まれてはじめて音というものを聞いた人のような状態にあった」こと、そして、鐘を一回打てば音は一回しか鳴らないはずだということ〔＝習慣づけられた聞こえ方〕を知らないので、「何の先入観もなしに、また〔一回打つと一回鳴るといった〕規則もなく、ただそれら複数の音が聴覚器官にもたらす印象だけに基づいて、いくつかの音が継続していると判断したのだ」ということである。そしてこのとき、「音叉における持続的な振動の中にあるのと同じ数の区別された音を、自分は実際に聞いていたのだ」……というわけである[34]（HN, in-4° III, p. 336, in-12 VI, p. 47）。

音〔sons〕は波動のように、すなわち中断なしに続くもののように繰り返される。振動〔の山と次の山〕の間に感知しうる間隔は全く存在しない。音と音の間に沈黙は存在しない。これが、なぜ単音〔son〕が継続してつながっているように聞こえるのかという理由であって、そこに何か神秘的なものを見いだそうとする必要など全くないと私には思われる。目がある対象を見てそれの認識に到達するのは、実のところ触覚が目に付けさせた習慣のおかげなのであるが、ビュフォン氏はそのような媒介なしに目が〔二重視と倒立視の誤りを除けば〕自然的に対象を見るのだと〔誤って〕想定していた。これに対しここ聴覚では、耳が自然的にもっている感覚とは習慣の産物なのだと、〔逆向きに誤って〕そう想定するわけである。だが、氏がここで報告している経験は、何かを証明する力を全くもっていない。なぜなら、この経験をしたとき氏は半分眠っていたからである。この半覚半睡の状態が、どうして氏を、はじめて音というものを聞いた人の立場に置いたと言えるのか、私には理解できない。かりにこの状態が、我々を習慣から引き剝《は》がし、そういう習慣を身に付ける以前に我々がなしえたことを垣間見させる機会を与えてくれるのだとすれば、その〔直前の〕状態においても形而上学者たちの欠陥がしぶとく目覚めていたのだと信じなければならないことになるだろう(35)。しかし、だからといって形而上学者が夢を見ないのだということにはならない。そして氏の言うところでは、夢の中にはいかなる種類の観念も入りこまないことになっていたのである(36)。

深い眠りは我々の能力全体の休息であり、我々が身に付けた習慣の休息でもある。半睡眠〔＝浅い眠り〕は、我々の能力が半分休息している状態である。その状態では、我々の能力は全力を出し切ることができない。しかしながら、完全な覚醒状態が我々に習慣を取り戻させてくれるように、半覚醒状態でもその一部分は取り戻させてくれる。それゆえ、半睡眠状態においても、人は完全に習慣から切り離されている〔＝ピュアな聴覚が現われる〕わけではないのだ。

聴覚に関してビュフォン氏が述べている他の細々《こまごま》したことは、私がいま問題にしていることとは関係がない。我々に残されている課題は、氏が感官一般に関して述べていることを検討することだけである。

氏は、感覚の生理学的な問題と、触覚の器官――ちなみにこの触覚器官は、もっぱらそれが柔軟で可動的な諸部分に分割できるという理由によって、物体の形の正確な観念をもたらすことができるというのであるが――についていくつかの考察をした後で、「身体と感覚器官は完全にできあがってはいるが、自分自身と自分をとりまく外界の全てのものについてはそれまで全く気付かず、いまはじめてそれらに気付いたという、そういう人間のもつ最初の運動、最初の感覚、最初の判断」について説明しようとしている(HN, in - 4° III, p. 364, in-12 VI, p. 88, Pl, p. 302)。

このように仮想された人間(37)――ちなみに、人はこれ以降、ビュフォン氏の発言というよりもしばしば、ビュフォン氏ならぬこの人間の発言に出会うことになるであろう――は、彼の最初の瞬間が「喜びと困惑に満ちたものであった」ということを我々に教えてくれる。しかし、我々はこれを信じるべきであろうか。喜びとは、我々が、以前の状態よりもよりよい状態に自分があるということを、あるいは少なくとも以前と同程度によい状態であることを知るときに、そして、自分がそうなりたいと欲しうるような状態にあることを知るときに、我々が享受する感情である。それゆえ喜びというものは、ある程度の長さに亙《わた》る一定時間の瞬間瞬間を生き、それらいくつもの瞬間を比較したことがある人においてしか感じられないはずである。一方、困惑の方も、恐れと不信――すなわち、〔ビュフォン氏が仮定した〕この人間が決してまだもったことのない知識を前提とする感情――の結果なのである。

もしこの人間が何か思い誤るとしても、それは彼が自分自身についてまだ反省していないからというのではない。彼は自分がかつて何であったのか、どこにいたのか、どこから来たのかを知らないということには気付いているのだ。ただし、彼のきわめて未熟な反省はここにとどまるのである。だから、彼がこうしたこと〔=自分がかつて何であったかなどということ〕に思いを巡らせることは全くないと言った方がよいであろう。

〔しかし、この人間の言うところでは、〕彼は目を開くとすぐに、「光を、天の蒼穹、緑なす大地の草、水の透明なきらめき」を見る。そして彼は、これら様々な〔外的〕対象が自分の中にあり、自分自身の一部をなしていると信じるという。しかし、どのようにして彼の二つの目は、これら様々な対象を見分け、区別するすべを学んだのだろうか。また、もしそれらが区別できたとしても、いかにして、それらが自分自身の一部をなしていると信じることができるのだろうか。〔ちなみにこの後者の論点に関して〕このような視覚に限界づけられた影像が、自分のことを単なる光と色だとしか思えないであろうということを理解するのに困難を覚えた人もいるであろう。あるいは、様々な対象どうしをこれほどはっきりと区別できる人間〔＝影像〕が、それらと自分自身とを区別することはできない……ということを想像することはさらに難しいかもしれない[38]。

にもかかわらず、全てが自分自身のなかにあるということを、つまりビュフォン氏に従えば網膜の上に——なぜなら像はそこに映るのだから——あるということを受け入れた上でこの人間の言うところを聞くと、彼は次に「光り輝く天体〔＝太陽〕に両目を向ける」ということになる。しかし、これもやはり理解に苦しむ話である。ある対象の方に両目を向けるとは、自分自身の外に何かを探し求めるということではないのだろうか。いろいろある仕方の中で、他ならぬこれこれの仕方で両目の視線の方向を定めるとはどうすることなのかを、この人間は知りうるのだろうか。また、そんなことをする必要性を彼は感じるのだろうか。そもそも、自分が二つの目をもっているということ自体、彼には分かるのだろうか。この人間は、自分の身体を動かさねばならぬ理由を何らもたないままに身体を動かしているのだということに注意しておこう。影像に外から働きかけてこれを動かしたというのとは、話が違うのである。

〔それはさておき、太陽に目をやると〕強烈な太陽光が彼を傷つけ、彼はまぶたを閉じる。すると自分の存在がまるごと無くなってしまったように思われて、彼は苦しみ、驚愕にとらわれる。この苦しみは根拠のあるものだ。しかしそれは、次のことを立証する。すなわち、この人間の最初の瞬間が「喜びに満ちあふれていた」はずはないことを。なぜなら、苦しみの前に、その苦しみによって失われることになる喜ばしい感情が先立っていたはずだとすれば、喜びの前にもまた、その喜びによってそこから解放されることになる苦しみの感情が先立っていたはずだからである。

〔それはともあれ〕こうした苦しみのただなかで、そして目をずっと閉じている状態のなかで、やがて「鳥の歌や風のささやき」が彼に聞こえてくる〔entendre〕。なぜ彼にそれがそれとして聞こえるのかは分からないが、ともかく彼の言うところを続ければ、彼は「長い間それらを聞いている〔écouter〕。そして、たちまちのうちに、これらの音のハーモニーが自分自身であると自らに納得させるに至る」という (HN, in-4° III, p. 365, in-12 VI, p. 89, Pl, p. 303)。しかし、「聞く〔écouter〕」というのは不正確な言い方である。この表現は、彼が様々な音と自分自身とを混同していない〔＝客観と主観が分離している〕ことを前提しているからである。さらには、次のように言う人もいるだろう。すなわち彼が、これらの音のハーモニーは自分自身なのだと自らに納得させる……とは言いにくいところがある、と。なぜなら、「彼は長い間それを聞いている」というのだから。むしろ彼は最初から、このハーモニーは自分自身だと――しかもそのことを自分に納得させようなどとことさら思いもせずに――信じているに違いない。だとすれば、彼がはじめて聞いた音が、〔外部の〕鳥の歌や風のささやきによって形成されているのだということを、彼はどこから知ったのかと問い返すこともできよう。

〔ビュフォン氏が続けて言うには、〕この人間は「両目を開き、視線を様々な無数の対象の上に固定する」。ということは、この場合彼は、最初に見たときよりずっと数多くの事物を見ていることになる。しかし、様々な対象に視線を投げることと、ビュフォン氏の仮定したこの人間がそう信じているように、それらが自分自身の中に、つまり目の中にあると信じることとの間には、矛盾がある。ここでは彼は、視線を固定するとはどういうことか、まぶたを開閉するとはどうすることなのかということを知りえないのである。確かに彼は、一定の仕方で自分が変容を蒙《こうむ》っているということを知っているだろう。だが、それらの諸感覚を生み出す器官〔=目〕については、まだ無知なのである。

にもかかわらず彼は、光に関する〔科学的〕発見をすでになし遂げた哲学者のような口ぶりで語ろうとする。無数の対象、つまり彼自身であるところの一部分が、様々な光の濃淡や色の多様さを通して、自分には無限の大きさとして映るのだと、彼は我々にそう語るであろう。無限〔immensité =広大さ〕の観念が、彼が獲得する最初の観念のひとつだとは驚きである。

〔さて次に、〕彼は「このような美しい自分自身の一部を〔まぶたを閉じたり開いたりすることによって〕思いのままに破壊したり産出したりする力」を自分がもっていることに気付く。そして、「彼が何の興奮もなく見、何の動揺もなく聞くことができるようになるのは、このようにしてなのだ」と言う[39]。しかし、私の見るところ話は逆で、この場面こそむしろ、彼がきわめて深く心を動かされ、動揺する段階なのである。

〔そこに〕涼しさを感じさせるかすかな風が吹き、彼によい香りを運んでくる。するとこの香りは、彼に「自分自身に対する愛の感情」をもたらしてくれる〔のだと、この人間は言う〕。すると、このときが来るまでは、彼は自分を愛したりはしなかったということになる。目に見えるものや音といったものも彼にとって自らの存在の美しい部分なのであったが、それらはこういう感情をもたらさなかったことになる。嗅覚のみが、こうした自己愛の唯一の原理だというのだろうか。〔奇妙な話だ。〕

そもそも、「かすかな風」があるということをいかにして彼は知るのだろうか。香りが、この風に乗って自分の外部からやってきたということを、どのようにして彼は知るのだろうか。なにしろこの彼は、全てのものが自分の中に存在し、あるいは全てが自分だと信じているというのに……。〔もしかりに彼がそれを知っているのだとすれば、〕彼はすでに風〔＝空気〕の重みを量《はか》ったことがあるなどと〔いう無理なことを〕言わねばなるまい。結局のところ、やはりこれらの香りは彼にとって、自分自身の部分のように思われるのではなかろうか。そして、ことがらが以上であるとすれば、なぜ彼は、それらの香りが〔外部から〕自分にもたらされたのだと、そう判断するのだろうか。〔それが分からなくなってしまうであろう。〕

〔ともあれ〕彼は自分自身を愛《いと》しく感じ、「自らの美しく大きな存在〔――感覚される世界全てが自分なのだから――〕」から来る喜びに急《せ》き立てられて、「突然立ち上がり、それまで知らなかった力によって自らが移動するということを感じる」。

だが、どこに移動するというのだろうか。このようなことに気付くためには、自分の外に存在する場所というものを認識していなければならないであろう。しかし、全てを自分の内部に見ているこの人間に、そういう認識をもつことができるだろうか。

〔氏の想定では〕この人間はそれまでまだ自分の身体に触ったことがない。だから、もし彼が自分自身を知るとすれば、それは視覚によるしかないはずである。しかし、彼はどこに自分自身を見るのだろうか。当然、他の全ての対象を見る場合と同じく、網膜の上に……であろう。彼にとって、自分自身の身体はそこにしか存在しないのだ。だとすれば、この人間はどのようにして、自分が立ち上がるとか身体を移動させている……といったことを判断しうるのだろうか。

最後に問うが、自らの身体を動かそうという決意を彼にさせる動機は何であろうか。「自らの美しく大きな存在」から来る喜びに急《せ》き立てられて……と彼は言う。しかし、彼がこうした喜びを享受するには、自分がいる場所にただそのままとどまっていさえすればよいはずだ。立ち上がり、身体を動かそうと彼が考えるとすれば、それはただ、自分ではない他の存在を探し求めるためでしかあるまい。それゆえ、彼が自分の居場所を変えようと決意するのは、次のようなことを彼が知ったときでしかないのである。すなわち、自分の外部に空間が存在すること、自分も身体をもっていること、そして、〔「自らの美しく大きな存在」と見えた主観的世界よりも〕「一層美しく」「一層大きな存在」を実際に手に入れることができるのはこの身体であり、この身体を移動させることを通してである、といったことを……。またそのためには、身体運動を調整するすべも学んでいるのでなければなるまい。ところが、彼はこれらのこと全てに無知である。そうであるにもかかわらず、彼は歩こうとし、自分の置かれた周りの状況全てに目を配っている、というのである。〔何と奇妙な話ではあるまいか。〕

〔ともあれ〕この人間が最初の一歩を踏みだすや否や、全ての対象は混乱し、無秩序に陥るという。私には、その理由が分からない。最初の瞬間において、彼があれほどはっきりと区別し把握していた様々な対象〔の視覚像としてのありよう〕は、全体としても部分としても、〔視点の変化にともなって〕消え失せてしまうだろうが、別の相貌を見せる対象〔の視覚像〕がそれにとって代わり、彼はこの新しい様々な対象をまた新たに区別〔＝分節化〕するであろうから。ある瞬間における混乱や無秩序が、他の瞬間におけるそれと比べて、より大きいということはありえない。

〔しかし彼の言うところでは〕自分が置かれた新たな状況に驚き、彼は自分の存在が流れ去ってしまうと思い込み、それを引き止めようとして動けなくなってしまう。この停止状態のなかで、彼は自分の身体の上に自分の手をやって〔その感触の不思議さを〕楽しむのだという。しかし我々がすでに見たところでは、彼の身体は彼にとっては自分の網膜〔＝目〕の上にしか存在しないものであったのであり、手の方もまた、それまで彼は自分の両目の外にあるものとして見ることを学んではいない。にもかかわらず、彼は自分の手を、その動かし方をすでに学んでいたのと同じくらいの確かさで動かし、自分の身体の諸部分を、あたかもそれらに触る以前から知っていたかのようになでまわす……というのである。

〔これは妙な話だがそれはさておき〕そうこうするうちに、彼は自分の手が自分の身体に触るとき、手が身体の諸部分を感じると同時に、諸部分の方でも手を感じ返すということに気付く。そしてすぐに、この感じ返す能力が、自分の存在の諸部分全体に広がっていることを認めるというのである(40)。ということは、彼が自分の存在〔＝身体〕の諸部分全体を感じるようになるのは、この〔手を感じ返すという〕能力を発見した瞬間であり、それ以前ではないということになる。身体の諸部分を感じていなかったときには、それを認識してもいなかった。その段階では、身体の諸部分は両目の中にしか存在していなかったのである。彼が〔目の外部に〕見ていないものは彼にとっては存在しなかったはずだ。にもかかわらず彼の言うところを聞けば、彼は自分が立ち上がり、身体を移動させ、手で自分の身体をなでまわす……というのである。

次に彼は、自分が自分の身体に触るという経験をする以前には、自分の身体が広大無辺に見えていたことに気付く……という。ただし、どこから彼がこの〔自分の身体の〕広大さという観念を学んだのかについては、よく分からない。視覚は、この観念を彼に与えることはできなかったからだ。というのも、彼がかつて自分の身体を見たときには、その身体を取り囲む様々な対象も同時に見ていたであろうし、それらが自分を取り囲んでいるとするなら、これらの対象が自分の身体を〔空間的に〕限界づけていることにもなるからだ。さらに、こうした対象が、自分の身体との対比で言えば、いくつもの光る点という形でしか自分には見えていなかった……と彼が付け加えて言うのも、甚だしい誤りであろう。彼の網膜に映る像のなかで、より大きな広がりを占める対象は、彼にとってはより大きなものと見えたはずである[41]。

しかし、それにもかかわらず、彼は自分の身体に触ったりそれを眺めたりすることを続ける。すると彼は——その証言によれば——「この上もなく不思議な観念を抱く。すなわち、自分の手の動きが、たえず逃げ去っていく束の間のはかないもの、あるいは、そういうものの継起であるように見える」というのだ。このような観念が奇妙なものであることについては、彼の言うことを認めることができよう。

しかし私からするとさらに奇妙に見えることがあって、それは、彼が自分の外部に何かが存在しているということを発見する仕方である。これを発見するためには次のようにせねばならないという。すなわち彼は「頭を空の方向に高く掲げて歩いていく。すると一本の棕櫚《しゅろ》の木にぶつかる。彼はこの奇妙な物体に触り、これが自分の外部にある物体であると、そう判断する。なぜなら、彼はこの物体を感じるのに、この物体の方は〔自分の身体に触ったときとは違って〕何も感じ返さないからだ」(HN, in - 4° III, p. 367, in-12 VI, p. 92, Pl, p. 304)。

何という奇妙なことだろうか。そもそも、彼が最初に足を前に踏み出し〔大地を踏みしめ〕たとき、その大地を感じる足に大地が感じ返さないという感覚経験が、彼にはもてなかったのだろうか。彼の足が触れているものが、自分自身の一部ではないということには気付けなかった〔＝棕櫚の木に触ってはじめて気付いた〕というのだろうか。この〔自分の外部にある存在の〕発見は、手にしか帰すことのできないものなのだろうか。そして、〔棕櫚の木に触る〕この瞬間に至るまで、自分の外部に何かが存在しているということを彼が知らなかったのだとすれば、いかにして彼は動いてみようとか、歩いてみようとか、頭を空の方向に高く掲げて起立しようとか思うことができたというのだろうか。

〔それはともかく〕彼はこの新しい発見に刺激されて落ち着かなくなり、たとえば太陽に触ってみたくなって手を伸ばす。しかし、手は空しく空気を摑《つか》むばかりである。彼は〔いまにも触れそうに見える太陽になぜか触れないので〕激しい驚愕に襲われる。〔彼が説明するには〕自分の手の動きを導けるように目の使い方を学べるようになるのは、無数の経験を積んだ後でしかないのだという。〔私の見るところでは〕この手の方こそが、彼にその目の動きを教えるものであるはずなのであるが。

さて、以上で、彼〔＝ビュフォン氏の仮想する人間〕は十全な教育を授《さず》けられたということになる。彼は視覚、聴覚、嗅覚、触覚の使い方を習得している。彼はある美しい木の木陰で休息をとる。すると、彼の手の届く所に、房状の形をした真っ赤な果実が降りてくる。彼はそれを摑み、食べる。彼は眠り、また目覚め、自分の横を見る。すると彼は、自分が二重になったような気になる。彼は、ひとりの女性と一緒にいることに気付くのだ。

以上が、視覚、聴覚、そして感覚全般についてビュフォン氏が展開した考察である。もしこれらが正しいとすれば、私の『感覚論』はことごとく間違っていることになるだろう。

伝染性をもつ想像力から自らを守れるほど健全な知性を具《そな》えている人というのは、ほとんどいないものだ。我々は、自分たちを取り囲む大気〔＝環境〕全体から圧力を受けてそれに影響される弱々しい身体からできており、我々の病いは、我々に作用する諸々の外的要因によるというより、むしろ我々の悪い気質や体質に由来することが多いのである。だから、世間の人々が根拠のない臆見をいかに簡単に抱いてしまうものであるかということに驚いてはならない。その手の臆見を思いついたり、それを新手の臆見に取り換えたりするような人々が、世間の信用を手に入れるのである。そして、こういう人々が自説を教え込みたいと望む相手役の生徒たちは――その教育が可能であった場合――ますますひどい盲信に陥っていく。どうして、この手の臆見が広がらないわけがあろうか(42)。

大きな成功を収めたいという野心に燃えた哲学者が、自分が扱おうとするテーマがいかに難しいかを誇張し、あれこれの問題を取り上げては、あたかもそれで様々な現象の奥底に隠された仕組みを解明できるかのように振り回し、さんざん言い古された諸原理を何のためらいもなく最新のものだといって持ち出し、自分にできる範囲の限界までそうした諸原理を一般化して使い回し、自分の著作を読む者が疑いを挟《さしはさ》みうるようなことや、彼自身が疑いを挟んでしかるべきようなことでさえをも、自信たっぷりに真理であると断言する……としよう。こうして、何かを確証するためというよりむしろ、徹夜で勉強した日々にもその価値があったということにするために精一杯努力した後で、こういう哲学者は自分が立証すると予告していたことを実際に証明したと、必ずそう結論するのである。そこでは、自分の目標がどこまで達成されているかは、彼にとってどうでもいいことになる。彼にとって肝心なのは、自分が語れば全てが語られ尽くしたのだと人が納得してくれるような、そういう信用をかちえることなのだから。

こんな哲学者も、推論を積み重ねているときには、自分が上手に書いているというようなうぬぼれをもたないだろう。長くて面倒くさい文章の構文は、その推論自体と同じく、読者を繋《つな》ぎとめられないのである。彼は、こうした〔退屈な〕文章の合間に、見事に組み立てられた美文を散りばめるのだが、自分の雄弁術を、こういうときおりの機会のために取って置くのである。そしてそういう場所では、彼はそれまで書いてきた、そしてすぐにもまたその書き方に戻らねばならないところの、あの〔辛気臭い〕口調を気に病むことから解放され、正確な用語の代わりにもっと強い印象を与える言葉を使い、そして、言うべきこと以上のことを言いたくなってしまう。もしある著作家がある箇所で、そこに書くべきでないような美しい文章を書き、そのことによってその本を〔内容的に〕読みとおせないものにしてしまったとしても、人々が夢中になってページをめくるようにはさせるのである。それは、人々が口々に噂するような話題の本になるだろう。もしあなたが、最も重大なテーマをこういう調子で取り扱えば、人々は声高に言うはずだ。「この哲学者はすばらしい」……と。

あなたが自分の仮説にうっとりしてあれこれと考察をめぐらせ、「私の仮説は、造物主の見事さに最も相応《ふさわ》しい体系を構築する」などと言うとしよう。(43) しかしそれは、哲学者――あなたと同様、一般化することが大好きな哲学者たち――にしか縁のない成功である。

しかし、もしあなたがそういう道を行くならば、次のことを忘れてはならない。あなたの諸原理に追従しないような観察者たち――彼らは、推論せねばならないときにあなたよりずっと臆病で慎重になってしまう――を、軽蔑をもってあしらわねばならない、ということを。彼ら〔大胆な飛躍を嫌う鈍重な観察者〕には、こう言ってやるがいい。「彼らは、観察することが多ければ多いほど、そして大胆な推論をすることが少なければ少ないほど、そういう仕事に感心する連中なのだ。彼らは、あたかも造物主が――その被造物を見る限り――あまり偉大な存在ではないかのように、そして、造物主がより偉大な存在なのだと信じるには我々が愚かにならねばならないかのように、自然の中に驚嘆すべき傑作は存在しない……と言って我々を憮然とさせるのである」。これらをひとまとめにして、「際限のない〔＝何の飛躍もない〕推論の怪物」という廉《かど》で、彼らを非難するのがよかろう。

ことに、あれこれの昆虫を観察するのに没頭している人々は憐れむべきである。なぜなら、「一匹のハエ〔というつまらぬ存在〕は、博物学者の頭の中で、それが自然の中で占めている位置以上の高い位置を占めるべきではないし、ミツバチの共和国〔＝集団〕もまた、理性の目からみれば所詮、単に蠟と蜜を供給してくれるという以外の関係を我々との間にもたない小動物の一群というに過ぎない」からだ。

〔このようなつまらぬものから〕偉大な対象全体へと目を転じると、「神が宇宙を創造し、様々な存在に秩序を与え、永遠かつ不変の諸法則の上に自然を基礎付ける」のをあなたは見るだろう。そしてあなたは「神が、ハエの集団を指揮することに熱心であったとか、コガネムシの薄翅が折り畳まれる仕掛けに夢中になっていた……などといった勘違いをしないように」気を付けるだろう。あなた〔の抱くより高い存在〕のイメージに神を一致させるがよい。一匹の昆虫が自分の頭の中で分不相応の高すぎる位置を占めてしまうことを恐れて細部を軽視する、そういう偉大な博物学者として、神を見なすべきである。なぜなら、もしあなたが「あまりにも多岐にわたる個々の規定――そのひとつはハエにしか当てはまらず、もうひとつはミミズク、もうひとつはノネズミ……にしか当てはまらないような――を神に帰すならば、あまりにも多くの小さな法則を神の意志に押し付けることになり、それは神の本性の高貴な単純さを傷付けることになるであろう」からだ。

あなたが、より広く一般化して適用できるような諸原理しか認めまいと決心するのは、以上のような次第である。これらの諸原理を、いささかでも忘れてはならない。〔細部に拘泥する〕過剰な精密さは人をうんざりさせるからだ。人は、全体が理解できない限り個々の部分を理解することのできないような書物を勉強するのを好まないものだ。もし天分があれば、あなたは読者たちの理解力の射程を認識し、〔窮屈な〕方法というものには注意を払わず、あなたの頭の中にある諸観念を苦労して〔有機的に〕繋ぎあわせようともしないだろう。実際のところ、漠然とした諸原理や、様々な矛盾・撞着や、推論の貧弱さや、あるいは首尾一貫したところのほとんどないような〔飛躍した〕推論を持ち出してきても、世間の人々は皆それを了解してしまうものなのだ。

だが、あなたはこれに反して次のようにも言えるだろう〔し、言うべきである〕。「しかし、だからといって、動物たちをそのサイズによって判断するというのは、博物学者のやり方だろうか。彼は、広い知識をもつ自分の頭の中に、惑星や山や海……といった〔巨大な〕ものだけを入れるべきなのだろうか。そこに入れることのできるものは、最も小さなものでも〔ハエやネズミなどではなく〕せいぜい人間や馬といった〔ある程度以上のサイズの〕ものに限るべきなのであろうか。〔小さなものを含めた〕あらゆる事物が、最も偉大な秩序のなかに、またその偉大な秩序に相応《ふさわ》しい仕方で、整然と位置付けられる〔のを見る〕とき、また宇宙全体〔の観念〕がこの博物学者の脳のなかに生まれ〔=描かれ〕、宇宙が——混沌の奥深いところから出てくるように——彼の脳から出てくる〔のを見る〕とき、私には次のように思われるのである。すなわち、最も小さな昆虫も、さしたる野心をもたない〔つつましい〕哲学者の頭は十分に満たすことができるのだ……と。昆虫の内部組織や能力や運動は、それらを観察しているだけに一層驚嘆したくなるような——というのも、観察によって我々はよりよく推論できるようになるので——光景を示す」。「さらにミツバチは、単に蠟や蜜を供給してくれるというにとどまらない他の様々な関係を、我々〔人間〕に対してもっている。ミツバチは、物質的な内部感官〔=脳〕や外部感官、物質的レミニサンス〔=記憶〕や身体的感覚、快楽や苦痛、欲求、情念、複合された感覚、感情の経験……をもっている。ひとことで言えばミツバチは、神経の振動によってあれほど見事に説明できる諸能力の全てを具《そな》えているのである」……と。

あなたは、こうも付け加えて言えるだろう。「そのような〔昆虫の微細なメカニズムに配慮するなどの〕ことが、なぜ造物主の意志に重荷を負わせて当惑させることになるのか、また、この宇宙の創造にあたって配慮するさい、コガネムシの薄翅が折り畳まれる精妙な仕掛けに没頭することが神には許されなかったというのはどういうわけなのか、私にはその理由が理解できない」。そして、こうあなたは続けるだろう。「存在者〔êtres＝生物〕が増えれば、それだけ一層〔それらを統《す》べる〕法則の数も増える。確かに宇宙のシステムがただひとつであること、それゆえ、我々〔人間〕には認識できない普遍的な法則がただひとつ存在するというのは正しいであろう。しかしこの法則は、各々《おのおの》の存在者が置かれた環境の違いに応じて様々に異なる仕方で作用する。ここから、事物の様々な種に特別な、さらには個々の個体にとってさえ特別な、個別的な諸法則が無数に生まれてくるのである。ハエという種に固有の個別的規定があるというだけではなく、個々のハエに固有のそれさえあるのだ。我々はこれらの対象（校注―一七五五年初版では単数形）をそのサイズで判断してしまうので、我々にはこういった法則が矮小なものであるように見える。しかしそれらは、偉大な諸法則に属するものだ。なぜなら、それらが合わさって宇宙のシステムをなしているのだから。それゆえ、〔昆虫などに拘泥してはならぬという〕あなたの勧告に従うことは空しい結果になるだろう。そうしてみても、そのような仮説が神性を高めるということにはならないであろうし、事物を観察し賛嘆する〔地道なタイプの〕哲学者を貶《おとし》めることもできないであろうから。疑いもなく彼らの方が、公衆から受ける尊敬を保持するにちがいない。彼らはその尊敬に値いする。なぜなら哲学が真に進歩するのはこういう哲学者たちのおかげであるからだ」……、と。

いささか脱線してしまったが、元に戻って私がしておかねばならないことは、ビュフォン氏が彼の仮説を打ち立てるために提起した様々な命題をまとめ〔それについての疑問を提起し〕ておくことだけである。氏が採用した様々な諸原理を、それらが互いに矛盾しないように、そして前段から後段が導かれるような仕方で、短い言葉で示すのがよいであろう。氏にとっては明白なのであろうが私にはそれほど明白に思えなかったことがらや、より詳細な解明を彼に要求しても許される〔曖昧な〕ことがらについては特に慎重な姿勢をとり、その手前で立ち止まることにしよう。

（一）「感じる」ということを、〔動物の身体が〕外部からの衝撃や抵抗を受けた場合に自ら動くというただそれだけの意味で理解することはできるだろうか。知覚し比較するという意味は、どうなってしまうのだろうか。そして、もし獣が何も知覚せず、比較もしないのだとすれば、彼らの感じる能力というのは、単に〔外力によって〕動かされる能力にすぎないということになるのだろうか。〔ビュフォン氏はそのように主張しているが、それは正しいであろうか。〕

（二）あるいは、「感じる」ということが、快楽や苦痛をもつということだとすれば、以下のふたつの命題を、いかにして両立させればよいのだろうか。つまり、「物質は感覚〔ないしは感情[44]〕をもちえない」という命題と、「獣は純粋に物質的であるにもかかわらず感覚〔ないしは感情〕をもつ」という命題とを。

（三）もし物質〔matière〕が何も感じないのであれば、「物体的〔corporel＝身体的〕」感覚ということで何を理解すればよいのだろうか。

（四）ある一個の同じ人格が、本性的に相異なり、相反する作用をもち、各々に固有の感じる仕方を与えられているようなふたつの原理から成り立っている……などということが、いかにして可能なのであろうか。

（五）もし、右の原理の片方が他方に完全に従属しており、また二次的な力・二次的な原因でしかなく、優越的な他方の原理が許してくれることしかしないのだとすれば、どうしてこの二つの原理が人間の矛盾〔した行動〕の根源になりうるのだろうか。

（六）子供時代においては物質的原理のみが支配し、青年時代にはそれが〔精神的原理に対して〕強圧的に振舞うというが、もしそうだとすれば、どうしてこの物質的原理が〔精神的原理に〕完全に服従しているということになるのだろうか。

（七）〔人間以外の〕動物においては機械論的なメカニズムが全てであるということを確証するためには、一方で彼らが純粋に物質的な存在だということを想定し、他方で彼らが感じうる存在だということを様々な事実に基づいて証明する……というだけで十分なのだろうか。感じるという能力が純粋に機械論的な諸法則の結果であるとはどういうことなのかを説明すべきではなかろうか。

（八）獣が、感じうる存在でありながら、同時にいかなる種類の認識も欠いているということが、いかにしてありうるのだろうか。もし彼らの感覚が彼らを〔認識の光で〕啓発しないのだとすれば、そして、彼らの行動を説明するためには機械論的な諸法則で十分なのだとすれば、その感覚は彼らにとって何の役に立つというのだろうか。

（九）外部感官によって振動させられる内部感官〔＝脳〕が、動物に、たえずあてどないうごめきだけを与えるわけではないのはなぜだろうか。〔だから、単なる振動ではないのではないか。〕

（一〇）食欲〔appétit ＝獣欲〕に関わる感官〔＝味覚・嗅覚〕だけが、動物の運動に、はっきりとした規定を与える〔＝意図的な行動をさせる〕特性をもっているというのはなぜなのか。

（一一）「本能〔instinct〕」とか「獣欲」といった言葉は何を意味しているのか。様々なことがらを説明するのに、ただこういう言葉を口にすれば十分なのであろうか。

（一二）乳の流れによって揺すぶられた嗅覚の感官が、生まれたばかりの動物に対してその栄養物のありかを告げ知らせるというのは、一体どのようにしてなのだろうか。その動物の中に生じる〔神経の〕振動と、この栄養物〔＝乳〕との間に、どのような関係があるというのか。この両者の間にある隔《へだ》たりがこんなにもやすやすと乗り越えられるというのは、どのような導き手のおかげなのであろうか。

（一三）嗅覚が我々〔成人〕にとって最も鈍い感覚であるからといって、なぜ、人間の新生児の場合も同様に、嗅覚が彼らを導くはずがない……と言えるだろうか。

（一四）嗅覚器官が鈍くない場合、そのことから、それにつながる内部感官〔＝脳〕の振動がより活発だということの他に何か別のことが帰結するだろうか。帰結しないとして、この振動の活発さは、それが対象の場所を〔外部に〕指し示すということの理由になるだろうか。

（一五）〔獣においては最も鋭いとされる〕嗅覚神経の中で生じている振動が、その対象とそれがある場所とをそれほど明瞭に指し示すのだとすれば、視神経の中で生じている振動がこれと同じ性質をもたないというのはどういうわけなのであろうか。

（一六）最も鋭い嗅覚〔器官〕にも劣らない鋭さをもつ両目があったとすれば、それは生まれてはじめてものを見た瞬間に、対象のある場所を見てとるであろうか。〔目の中に見るのか目の外部にみるのか、どちらだろうか。〕

（一七）我々〔人間〕とほぼ同じ仕方で考え・振舞い・感じる……能力を物質に認めない限り、物質に感情や感覚や自己存在の意識を認めることはできないであろうが、もしそうであれば、獣は感情や感覚や自己存在の意識を与えられており、にもかかわらず、考える能力だけはもっていない……というようなことが、どうしてありうるだろうか。

（一八）もし、単純な形をした真っ直ぐの対象を我々が見るときの感覚が、それに触ることによって引き起こされる、我々の魂の判断に他ならないのだとすれば、魂を全くもたず、何も判断しない〔とされる〕獣が、どのようにして、この単純な形をした真っ直ぐの対象を見るに至るというのであろうか。

（一九）獣が、自分の外部に匂いや音や色を知覚するためには、彼らも何らかの判断をせねばならないのではなかろうか。

（二〇）獣が、一方では外部にある対象を知覚し、かつ一方では何の観念をももってはいない……などということがありうるだろうか。獣が、記憶というものをもたずに何らかの習慣を身に付けたり様々な経験を積んでいったりするということはありうるだろうか。

（二一）物質的内部感官〔＝脳〕の振動が再現されることの中にしか存しないという物質的レミニサンス〔＝記憶・想起〕とは何なのであろうか。

（二二）何の秩序も連関もなく、またはっきりとした印象を後に残すこともなく、でたらめにあれこれの感覚を呼び起こすという、そんな記憶やレミニサンスがあったとしても、それが何の役に立つというのだろうか。

（二三）もし獣が比較もせず判断もしないのだとすれば、彼らはいかにして嗅覚の感覚を他の感官のそれと結び付け、それらの感覚どうしを組み合わせ、そしてそこから様々なことを学ぶのであろうか。

（二一四）完璧に等しい力で動作をし、内部においても外部においても精確に同じ形をしていて、全く同じ瞬間に一斉に産まれ、一斉に変態を遂げ、そして、一定の限界づけられた場所でしか振舞えないように作られている……というような一万体の自動人形の運動を説明するには機械論で十分かもしれない。しかしだからといって、それぞれ等しくない力で振舞い、内部・外部において精確に同じ形をしているわけでもなく、全く同じ瞬間に一斉に産まれたり一斉に変態を遂げたりしたわけでもなく、そして自分の働いている場所からしばしば飛び出していく……ような一万匹のミツバチの行動を説明するにも機械論で十分だと、どうして信じなければならないのだろうか。

（二一五）一匹のコガネムシの薄翅が折り畳まれる仕方〔を設計すること〕に神が専心できるはずがないと、なぜそう言えるのだろうか。もし神がそのことに専心しなかったとすれば、コガネムシの薄翅はいかにして〔あれほど精妙に〕折り畳まれるというのだろうか。

（二一六）各々の個別的な動物種ごとにある〔無数の〕諸法則が神の意志にとって重荷になるとか神の意志を当惑させる……というのはどうしてなのだろうか。各々の種が自らに固有の法則をもっていないとすれば、いかにしてそれらは自己保存〔＝生存〕しうるのだろうか。

（二一七）もののイメージ〔＝写像〕が二つの目に映るということや、それらのイメージがそこでは倒立しているということから、我々の目が自然的には対象を二重に、かつ逆立ちして見ているのだと、そう結論できるだろうか。そもそも、網膜の上にイメージがあると言えるのだろうか。そこには振動以外のものがあるだろうか。こうした振動というのは、魂の変容を引き起こす機会原因であるというにとどまるのではなかろうか。そして、こういった魂の変容は、それ自体で空間的な広がりや〔外的〕対象を表象することができるのであろうか。

（二八）生まれてはじめて両の目を開き、全てのものが自分の中にあると信じ込む人間は、天空や大地を覆う緑や水の輝きを見分けるだろうか。無数の様々な対象を見分けるのだろうか。

（二九）この人は、視線をあちこちに巡《めぐ》らせたり、様々な対象――彼はそれらを自分自身の内部にあるものとしてしか知覚していないわけだが――のどれかに自分の視線を止めたりしようと考えるだろうか。そもそも彼は、自分が目をもっているかどうかということだけでも知っているのだろうか。

（三〇）自分の網膜の上にしか見えず、それが自分の外部にあるなどとはまだ夢にも思っていないような、そういう場所へと、彼は動いていこうなどと考えるだろうか。

（三一）外部的空間を発見する際に、彼はそれを認識する前にその空間を歩きまわり、頭を上げ、空の方向に身体を起こして進み、そして棕櫚の木にぶつかる……といったことをしなければならないのだろうか。

この先も問いを並べたてることができるが、残っている多くの問いについては割愛することにしよう。それでも、ここまで述べてきたことで十分であると私は考える。

第II部　動物の諸能力の体系

本書の第I部では、獣にも何らかの認識能力があるということが証明された。これは、一般大衆の見解である。それは哲学者たちによってでなければ打ち倒されないような見解であるが、この哲学者たちというのは通常、万人によって認められた真理よりも、自分たちが想像でこねあげた馬鹿げた話を好む人々のことである。彼らは非難されるに値いする。なにしろ彼らは、自分の馬鹿話の半分しか言わなければ、彼らの仲間内では半分しか有名になれない……といった連中なのだから。

それゆえ私は、万人に明らかな真理を、ここに白日の下に示そうと思う。このことは、本書には新しいことが何もないということを人々にあらかじめ弁明するための言いわけに聞こえるかもしれない。しかし、もしこの真理がこれまでのところはっきりと認識されることなくただ漠然と感じられているにとどまっていたとすれば、つまり、人々が獣に多すぎるものを与えているか、あるいは少なすぎるものしか与えていないという、そういう雑駁な考察しかしてこなかったのだとすれば、まだ言われていない数々のことをここで述べるという仕事が、私には残っていることになろう。

実際、獣の〔精神的〕諸能力の生成、彼らの認識の体系〔=仕組み〕、彼らの精神の働きの斉一性、彼らが本来の意味での言語を——たとえ分節音が出せたとしても——作り出せないという、その点に関する無能力、彼らの本能、彼らの情念、そして、あらゆる観点からみて人間が彼らに対してもつ優位性……、こうしたことがらについて、一体だれが説明したというのだろうか。以上が、私が説明しようと試みる主要なテーマである。私が提出する体系〔=説〕は恣意的なものではない。私はこの体系を、想像力から引き出したのではなく、観察から引き出したのだ。知性を具えた全ての読者は、自らを反省することを通してこの体系の堅固さを認識するであろう。

第1章　全ての動物に共通する習慣の形成について

生まれた瞬間には、動物は自分を動かそうという意図さえもつことができない。彼は自分が身体をもっているということも知らないし、自分の身体を見ることもせず、まだそれに触ってもいない。

しかし、何かの〔外的〕対象に触れるとその印象が生じる。すなわち彼は何らかの快不快の感覚を経験する。[45] ここから、彼の最初の運動が生じてくる。しかしこの運動はあてどのないうごめきでしかなく、彼の意図とは無関係に彼のうちに生じる。彼はまだ、その運動を制御するすべを知らない。

快感と苦痛に関心が向かうと、彼はそれらが継起する諸状態を比較するようになる。快感から苦痛へと移行したのはどんな風であったかを観察し、やがて彼は自分の身体と、身体を構成するいくつかの主要な器官を発見する。

このようにして、彼の魂は、自《みずか》らが受け取る諸印象を自分の身体に関係付けることを学ぶ。魂は身体のうちに快感や苦痛や欲求を感じるようになる。このような感じ方〔が成立する〕だけで、魂と身体との最も親密な交流関係を打ち立てるのに十分である。実際、魂が身体の中でしか感じなくなった後では、[46] 魂が一定の働きをする習慣を作り上げるのは、魂のためであると同様、身体のためにもなっているのだ。また、身体が一定の運動をする習慣を作り上げるのは、身体のためであると同様、魂のためにもなっている。

まずはじめ、身体は困難にぶつかりながら自らを動かす。つまり、身体は手探りをし、よろめくのだ。魂もまた、反省をするのに同じような障害にぶつかる。すなわち、魂は躊躇《ためら》い、迷い疑うのである。

しかし二回目に同じことをするときには、一回目のときと同じ欲求〔＝必要〕が〔身体と魂との〕働きを規定するので、この二実体それぞれの働きは、一回目よりはしっかりと、しかもすばやく、成し遂げられることになる。

そして最後には、様々な欲求が繰り返し生じ、〔身体と魂の〕働きが何度も繰り返されるにつれて、身体の手探りも、魂の覚束《おぼつか》なさも、ともに消えていく。こうして、自分の身体を動かすことと、判断することとは、それぞれ習慣化されるのである。

このようにして欲求は、一方では観念の系列〔＝連鎖〕を、また一方では、それに対応した身体運動の系列〔＝連鎖〕を生み出すのである。(47)

それゆえ、人は動物たちの習性〔habitude ＝習慣〕をそれぞれの種にとって自然なものだと思い込んでいるが、実はそうした習性は彼らなりの経験を通して作り上げられているに違いない。このことを納得してもらうには、彼らの様々な行動のひとつをとりあげて観察してみるだけで十分である。

一匹の動物が、ある物体が落ちてきて自分に当たりそうになるという危機的状況にはじめて遭遇したと想定してみよう。私は言うが、彼はここから逃げ出そうとはまったく思わないであろう。なぜなら彼は、それが自分を傷つけるかもしれないということを知らないからである。しかし、彼がひとたびこれに打たれれば、痛みの観念と、自分に落ちかかってくる物体の観念とは結びつき、痛みの観念を伴わずにその物体の観念が思い浮ぶことはなくなるだろう。そして、これらについての反省を通して、この種の事故から身を守るためにはどのように身体を動かせばよいかを彼は学ぶのである。

そのうち、木の葉が落ちてきてさえも、彼はそれを避けるようになるだろう。だが、経験によって軽い物体であれば自分を傷つけはしないということを学ぶと、彼は木の葉を避けることなく平然とするようになり、それには大した注意を示さなくなるだろう。

ところで、この動物がこうした行動を自然に〔＝本能的に〕するのだと考えることができるだろうか。彼は自然に〔軽重〕ふたつの物体の違いを見分けているのだろうか、それとも経験のおかげでその見分けがつくようになったのだろうか。その違いの観念は生得的であろうか、それとも獲得されたものであろうか。確実に、こう答えてよかろう。すなわち、彼が木の葉が落ちてきても動かずにいるのが、木の葉は恐れるに足りないことを彼が学んだからに他ならないとすれば、彼が落ちてくる石から逃げようとするのは、石によって傷つくかもしれないことを学んだからに他ならない……、と。

それゆえ、習慣が形成されたり進歩したりするにあたっては、反省が関与しているのだ。しかし、反省が様々な習慣を形成していくにつれて、反省はそれらの習慣をそれ自身に任せるようになる。動物が、いま自分が何をしているかということを反省するまでもなく、触ったり、見たり、歩いたりするのは、このような次第なのである。

こうした過程を経た結果、多くの習慣的な行動は、いちいち反省しなくてもできるものとなっていく。そして、反省を巡らせる訓練は、もっぱら〔まだ習慣化していない〕他の行動に向けられるのである。もちろんこれらの行動がまた習慣化されるなら、それらもまた反省せずにできるものへと転化していくわけだ。こうして、次々に習慣は反省の領域を侵食していき、反省は習慣に一切を任せるようになる。

以上の考察は、あらゆる動物に適用することができる。動物たちが、自分の身体諸器官を使い、自分を害するものから逃《のが》れ、自分に有益なものを求め、一言でいえば自分の自己保存に気を配るためにあらゆることを学ぶのはいかにしてであるかを、以上の考察は説明してくれる。

第2章　動物における認識の体系

どの動物にも、それを認知することが彼自身にとって切実になるいくつかの対象があるが、そういう対象を観察する習慣をすみやかに形成しない限り、彼は自分の欲求に従い、これを満たすことができない。彼は、自分の〔感覚・運動〕器官を、それらの対象のあれやこれやに向けて試してみる。生まれて間もない頃の時間は、こうした学習〔étude〕にあてられる。我々は、動物の子がただ遊びに熱中しているように思っているが、彼を教育するために彼とともに〔彼の中で〕遊んで〔＝作動して jouer〕いるのは——正確に言えば——自然なのである。

彼は学んでいる。しかし、学ぼうという意図なしに学ぶのだ。彼は、認識の体系を作り上げるためにあれこれの認識〔＝知識〕を得ようとするのではない。もっぱら、快を追い求めることと苦を避けることで精一杯なのだ。この快苦の関心だけが彼を操縦している。彼は自分が行き着くべき終点を知らずに前に進むのである。

このようにして彼は、教育を受けようなどという努力を全くしないのに、教育される。彼の目には様々な対象が自《おの》ずから区別されていき、秩序だって配置されていく。様々な欲求〔＝必要〕に従って彼の観念は複雑化していき、互いに緊密に結びつくようになる。こうして認識の体系は形成されていく。

しかし、同一の快楽が彼にとって常に同一の魅力をもつわけではないし、同一の苦痛がもたらす恐れが常に同一の切迫感をもつわけでもない。状況に応じて事情は変化せざるをえないからだ。それゆえ彼の学習の対象は次々に変化し、認識の体系は、徐々に、様々な観念のセット〔suites d'idées〕にまで広がっていく。

これらいくつもの観念のセットはそれぞれに独立したものではない。反対に、それらは互いに結びついており、そしてその結びつき〔lien〕は、各々のセットのなかに見いだされる（校注―一七五五年初版では「再び見いだされる〔se retourver〕」）諸観念からなりたっている。観念の諸セットとは、少数の感覚の様々な組み合わせであり、またそれ以外のものではありえないのだから、必然的にいくつかの観念は、全ての諸セットに共通のものであるはずである。それゆえ、これらの観念の諸セットが一緒になれば、同じ一本の鎖を形成するということが理解されるだろう。[48]

これら様々な観念の諸セットを動物は何度も繰り返し経験するが、その必然性〔＝必要性〕を通して、この〔諸観念の鎖たる〕連合関係〔liaison〕[49]は増大してゆく。ひとつひとつの観念連合は、それぞれ対応する個々の特殊な欲求のせいで生まれたのであるから、繰り返し現われ、順々に継起する諸欲求は、様々な観念連合を一貫して保持したり再生させたりする。動物は、こうした観念をたえず見渡すというきわめて重大な習慣を身に付けていくので、かつて感じたことのある欲求を感じるたびに、〔その欲求と連関した〕諸観念の長いセット〔たとえば食欲↓リンゴ↓森↓ヘビといった〕を思い出すにいたるのである。

それゆえ、動物が様々な諸観念を容易にあれこれと見渡せるようになるか否かは、もっぱら、諸観念の間にある大きな連合関係ができるかどうかにかかっている。〔それができたなら、〕ある欲求が彼の注意を一つの対象に向かわせるや否や、〔その対象と連関した諸観念を瞬時に見渡すという〕この能力が働いて、遠くまで届く光を放つのである。つまりこの能力は、そこから発する一種の松明《たいまつ》をもたらすのだ。

ある観念をかつて最初に生み出した欲求自体の働きによって、その観念が再生するというのは、このようにしてである。こうした諸観念は、記憶のなかに、欲求と連動して増大してゆく一種の渦巻きを生み出す。各々の欲求が円の中心になり、そこから円周に向かって運動が伝播してゆく。様々な欲求を中心とする〔観念の〕渦巻き運動は、それぞれの欲求が代わる代わる激しいものになったり穏やかなものになったりするにつれて、消長を繰り返す。これら全てが絡《から》みあって、驚くほど多様な渦巻きの回転運動が生じる。ある渦巻きに力を与えている感覚が弱くなったり欠けたり、あるいはそれまで経験したことのない感覚が生み出されたりするにつれて、そうした渦巻きは外に押し出され、あるいは相殺されて、新しい渦巻きにとって代わられる。それゆえ、時が経過するにつれて、他の渦巻きを巻き込んでいた〔優勢の〕渦巻きは、逆に他の渦巻きに飲み込まれていく。そして、欲求が止むや否や、全ての渦巻きは溶けあってしまう。そうなると、そこには混沌《カオス》しか見いだすことができなくなる。諸観念が無秩序に右往左往し、そこに見られるのは奇妙で不完全なイメージしか示さない動画である。それらの乱雑な絵を新たに描きなおし、真実の日の光のなかに置きなおすのは、やはり〔新たな〕欲求の仕事なのである。

一般的に言えば、以上が動物における認識の体系《システム》〔＝仕組み〕である。そこにおいては、全てがただ一つの原理に、つまり欲求に依存しており、全てが同一の方法によって、すなわち観念の連合関係によって、実行されるのである。

それゆえ、「発明する〔inventer〕」という言葉が、判断し、比較し、発見するということと同じことを意味するのであれば、獣はなにごとかを発明する。さらに、「発明する」という言葉が、将来にするであろうことを前もって思い浮かべるという意味で理解されることもあるが、その意味においてもまた、獣はなにごとかを発明する。ビーバーは、自分が建てようとする小屋を青写真に描くし、鳥は自ら組み立てようとする巣を青写真に描くのだ。もし想像力が、これらの動物たちにそういうもののモデルを与えないとすれば、彼らは自分たちの作品〔＝巣〕を作れないであろう。

にもかかわらず、獣は我々人間に比べると比較にならないほど貧しい発明力しかもってはいない。それは、彼らの欲求がきわめて限られているからでもあり、また、観念を複雑化させたり、あらゆる種類の観念の組み合わせを作ったりする方法をもっていないからでもある。

獣たちは、己の欲求に急《せ》き立てられて生きており、学ぶべきことがらを少ししかもたないので、到達しうる彼らなりの完成点に、〔生まれて〕ほとんどすぐに辿りつく。だが彼らはそこで止まってしまい、それ以上先に進みうるかもしれないなどとは想像さえしない。そこにおいて彼らの欲求〔besoin〕は満たされてしまい、それを超えて何かを欲望〔désirer〕することはないし、その結果、何も探求しようとはしないのだ。彼らにしてみれば、かつて自分がしたことを思い出すことと、周《まわ》りの状況によってそのことが必要となるたびに、それを繰り返すことしか、なすべきことはない。獣が我々人間よりも何かを工夫したり発明したりすることが少ないとしても、またそうした工夫を改善する度合いが低いとしても、それは彼らに知性が全く欠けているからではなく、彼らの知性がより限定されているからなのである。*

＊（原注）ビュフォン氏は、〔人間と動物との間の〕類比関係《アナロジー》は、思考能力が人間も含めたあらゆる動物に共通であることを何ら証明しないと主張している。（氏は、『博物誌』HN, in - 4° IV, p. 39, in-12 VII, p. 54〔Pl, p. 452〕において、こう言う。）「この類比関係が成り立つことを十全に確立するためには、少なくとも、ひとつの例外もなくこれが成り立っている必要があろう。つまり、様々な状況において我々人間がするのと同じことを動物もなしうるとか、実際にしているというようなことが立証されねばなるまい。ところで、それとは正反対のことが、明白に立証されているのだ。動物たちは何も発明しないし、何の完成にも到達しない。それゆえ彼らは何も反省しないのだ。彼らは、いつも同じことを同じ仕方でしかしないのだ」。

「それとは正反対のことが、明白に立証されている」だって！　我々が見たり、歩いたり、断崖の前で引き返したり、落ちてくる物体を避けたり、あるいは他の無数の場面において振舞ったりするとき、我々人間は他の動物たちと違ったことをしているであろうか。だから私は言う。獣たちは発明し、それぞれの完成に向けて歩んでいるのだ……と。そもそも、発明する〔＝思いつく〕とは、どういうことだろうか。それは、様々な発見と比較からの帰結である。たとえば、モリエールが一つの登場人物《キャラクター》を発明〔＝考案〕したとき彼がしたことというのは、様々な人格のなかに様々な性格《キャラクター》を発見し、それらを一つの視点において〔＝一つの配役のなかで〕統合するために、比較することであったのだ。それゆえ「発明する」とは、「発見する」ことと「比較する」ことに等しい。

ところで獣たちは、触ること、見ること、歩くこと、食べて身を養うこと、敵から身を守ること、自己保存のために配慮すること……を学んでいる。それゆえ、彼らは何ごとかを発見しているのである。しかも、彼らが何ごとかを発見するのは、彼らが様々な事物を比較しているからに他ならない。だから、彼らは何ごとかを発明してもいるのだ。さらに彼らは、彼らなりの完成に向けて歩みもする。なぜなら、彼らも生まれた最初の時には、経験を重ねた後にはじめて知ることになる全てのことを知らなかったのであるから。

第3章　同一種に属する諸個体は、その種において互いに摸倣しようとする傾向が低ければ低いほど、より斉一的な仕方で行動するということ。それゆえ、人類が個体間でこれほど異なっているのは、もっぱら、人類が全ての動物の中で最も真似をしあう傾向を強くもっているという理由からであるということ。

普通、人は次のように信じている。すなわち、同一種に属する動物が皆同じようなことをするのは、もっぱら彼らが互いに摸倣〔se copier〕しようとするからであり、これとは反対に、人間の行動が互いに異なっていればいるほど、人間たちは互いに摸倣をしていないのだ、と。だから、この章のタイトルは、ひとつの逆説と受けとられるだろう。それは、広く受け入れられた先入観に衝撃を与えるような真理全ての運命である。しかし、習慣〔＝習性〕というものをその原理に遡《さかのぼ》って検討してみれば、この真理は証明されるだろう。

習慣というものは、自らの能力を鍛え発揮する欲求〔＝必要〕から生まれる。それゆえ、〔ある動物種が有する〕習慣の数は、彼らの欲求の数に比例する。

ところで、明らかに、獣たちは人間に比べてわずかの欲求しか持たない。彼らにとっては、食物を捕えて身を養い、風雨から身を隠せる場所を確保し、敵から身を守り、あるいは敵をかわして逃げるといったすべを覚えれば、それで自己保存に必要な全てのことを知ったことになるのである。

獣たちが、こうした欲求を満たすべく配慮するための手段は単純だ。それは、同一種に属する全ての個体において、同じものである。自然は獣たちのために全てを見越して準備してやっており、彼らが自分でなすべきことはわずかしか残さなかったように見える。つまり自然は、あるものには力を与え、他のあるものには敏捷さを与え、そして全てのものに対して、料理する必要のない栄養物を与えたのである。

同一種に属する個体たちは、それゆえ、同じ原理によって突き動かされ、同じ目標に向けて行動し、似たような手段を使うので、同じ習慣を身に付け、同じことを、しかも同じような仕方でする他はない。

だから、もしかりに彼らがばらばらに離れて生きるとしても、つまり一切の交流をもたず、それゆえ摸倣しあうこともできずに生きるとしても、彼らの行動には同じような斉一性が——彼らを突き動かす原理においても、彼らが使用する手段においても——見られることだろう。

ところで、獣たちの間には、一種の社会を形成する獣たちの間でさえ、きわめてわずかの観念の伝えあいしか存在しない。それゆえ個々の個体は、自分自身の経験の限界内に閉じ込められている。各自がなした様々な発見や失敗などを互いに伝えあうことができないために、彼らは一世代ごとに同じ学習を一からやり直すのであり、〔各個体が〕なしとげた進歩を何度も繰り返した後でも、同じ地点にとどまり続ける。彼らの社会は諸個体と同じ無知のなかに依然としてとどまり、彼らの行動も常に同じ結果を呈するのである。

人間の場合でも、もしかりにばらばらに生き、自分たちの考えを互いに伝えあうことができないとすれば、事情はこれと同じことになるであろう。そのように孤立して生きる人間たちは、自己保存のために絶対的に必要な少数の欲求のうちに限られ、似たような方法でしかそれらを満足させるすべを知らないので、結局はみな他人と同じように振舞い、どの世代も互いに似ているということになるであろう。彼らの振舞いは互いに同じものなのだが、彼らが互いに摸倣しようなどとは思いもしないような、そういう振舞いでもあることが理解されよう。子供たちは、触ったり見たりするなどのことを学ぶのだが、それは物真似〔imitation〕によってではない。子供たちは、自分自身でこれらを学ぶのであり、にもかかわらず、同じような仕方で全てを触ったり見たりするようになるのである(50)。

しかしながら、かりに人間たちがばらばらに切り離されて生きたとしても、場所や気候といったものの相違は、必然的に、彼らをとりまく環境の相違をもたらすだろう。そういった相違は、彼らの欲求〔＝必要〕のなかに、ひいては行動のなかにも、多様性をもたらすであろう。各人は、各々の置かれた状況に応じて、それぞれ異なる経験を積むことだろう。各人は、それぞれに特殊な認識を獲得することだろう。もっとも、〔摸倣によるのでなければ〕彼らのそれぞれの進歩は極めて限られたものであって、互いに異なるといってもその差異は小さなものであろうが。

それゆえ、人間どうしのあいだで目立った差異が生じてくるのは、社会の中においてなのである。社会の中で、彼らは自分の欲求や経験を互いに伝えあう。そして彼らは互いに摸倣しあう。こうして、世代から世代へと増大していく知識が集積されるのである。

全ての個人が、こうした進歩に等しく寄与するわけではない。圧倒的多数の人々は、創意のない物真似屋〔imitateurs〕なのだ。何かを発明する者はきわめて稀であり、またそうした彼らでさえ、最初は摸倣することから始めたのである。しかも、すでに確立されたものとして与えられるものに彼らの各々が付け加えるものは、ほんのわずかなことでしかない。

しかし社会が完成されるにつれて、市民たちは様々に異なる身分へと振り分けられていき、それに応じて彼らには、各々自分で真似をしようとするモデルが与えられることになる。各々の子どもは、生まれによって定められた身分〔＝状態〕のなかで育てられるので、自分の周りにいる人のすることを、その人と同じような仕方でするようになる。長期間にわたって、周囲の人々はその子にとって必要なことを配慮し、その子のためにあれこれと考えてやる。そしてその子は、周りの大人から与えられる習慣を身に付けるのである。しかし、その子は、あるひとりの人だけを摸倣するわけではない。彼は、自分に近づくあらゆる人々を摸倣するからだ。彼が、特定の誰かに完璧に似てしまうということにならないのは、こういうわけなのである。

人間たちが、最終的にはかくも様々に異なってくるのは、彼らが最初は摸倣者〔copistes〕として生きはじめ、摸倣者であり続けるということ以外の理由からではない。これに対し、同一種に属する他の動物たちがみな同じように振舞うのは、我々のように互いに摸倣しあう能力が欠けているので、我々人間の状態や行動を同時に変化させていくこうした進歩を、彼らの社会が達成しえないからに他ならない。*

＊（原注）ビュフォン氏は次のように言うが、そのようなことが言えるかどうかを私は疑問に付したい。氏の発言はこうである。「動物たちのなすこと全てに見られるこうした斉一性は、どこから来ると考えられるだろうか。彼らの行動が純粋に機械的で物質的なことがらの帰結なのだということを示すうえで、この斉一性ほど明らかな証拠があるだろうか。というのも、我々人間を照らしてくれる〔理性の〕光――そのかすかな閃《ひらめ》きでもよい――を、かりに彼らがもっているとするなら、……彼らのなすことのなかにはほんのわずかでも多様性が見られるはずであろうが……、しかしそのようなことは全くないからである。全ての個体は同じモデルを手本に動いており、彼らの行動の順序はその種全体のなかで下書きされていて個体には全く属していない。かりに〔人間以外の〕動物にも魂があると認めてやろうとしても、せいぜい、各々の個体が同じように帰属するこの一つの種全体に一つの魂しか認めることはできないと、人はそう考えざるをえないであろう」（HN, in - 4° II, p. 440, in-12 IV, p. 167, Pl, p. 188）。

このような議論は、何ごとをも説明しないような臆見、自分の言いたいことがはっきりとは分かっていないがためにいよいよ理解困難なものになる、そういう類《たぐ》いの臆見へと迷い込んでしまうだろう。動物の行動のなかに見いだされる斉一性を、私はもっと簡単で自然な仕方で説明してきたように思う。

「ある種全体にとっての一つの魂」というこの議論は、我々人間の行動にはなぜ多様性があるのかということについても、全く斬新な理由を発見させてくれる。すなわち、〔他の動物のような斉一性をもたない〕我々人間は、各々がそれぞればらばらの魂、他人の魂とは全く独立の魂をもっているからだ、というのである（HN, in - 4° II, p. 442, in-12 IV, p. 169, Pl, p. 189）。しかしもしこの理由が正しいなら、次のように結論してもよいことになるであろう。つまり、互いに摸倣しあう複数の人間たちは、彼らに共通した一つの魂しかもってはいないのだ、と。この場合、人間の頭数よりも少ない数の魂があるということになってしまうだろう。同じように〔互いに摸倣しあう著作家もいるのだから〕著作家の頭数よりずっと少数の魂しか存在しないということにもなるだろう。

ビュフォン氏は、獣には全く魂がないと固く信じ込んでいるので、その理屈を貫いて、獣は互いに異なる存在であろうとする意志をもつことができないと結論する。しかし私は、こう付け加えるだろう。〔もし動物に魂がないのであれば、〕個々の動物は互いに摸倣しあおうとする意志をもつこともできないであろう、と。ところがビュフォン氏は、動物たちが同じ行動をするのは、彼らが互いに摸倣しあっているからだと考えるのだ。氏によれば、物真似とは機械の引き起こす結果であるに過ぎず、また、動物たちは、彼らの器官〔的同一性〕によって互いに似た行動をとるたびごとに、互いに摸倣しないわけにはいかないのだ、と（HN, in - 4° IV, p. 86 etc., in-12 VII, p. 122, Pl, p. 480-1）。氏は言う。「〔同一の動物種に〕共通の習性は、その原因として、理性の光に満ちた知性の原理をもつのでは全くなく、反対に、盲目的な物真似の原理しかもたないのである」（HN, in - 4° IV, p. 95, in-12 VII, p. 136, Pl, p. 486）。しかし私に言わせれば、知性のない存在者のあいだで物真似が成り立ちうるなどということは理解不能である。

第4章　動物の言語*

＊（原注）ビュフォン氏は、人間の獣に対する〔言語的〕優越性と、獣が言語を作れないという——たとえ分節音が出せる器官をもっている場合ですら——その無能さが、獣は考えないということを証明していると信じている（HN, in-4° II, p. 438, in-12 VII, p. 164, Pl, p. 188）。本章は、氏のこの推論を打ち壊すことを目ざしているのだが、その推論は、ビュフォン氏が〔動物論という〕この主題をめぐって駆使した全ての推論同様、すでにデカルト主義者たちによってなされていたものでもある。いや、全てというのは言い間違いかもしれない。というのも、以下の氏の発言は例外として除かねばならないからだ。「彼ら（動物たち）の友愛感情というのは、女性が自分の飼っているカナリアに対してもったり子供が自分の玩具に対してもったりする友愛感情と同じようなものである。こういった類いの友愛というのはどちらも、ほとんど反省されたものではなく、盲目的な感情に過ぎない。ただし動物の感情は、女子供の慰みよりもっと自然なものではある。なぜなら、それは彼ら動物たちの欲求に基づいており、その点で、もう一方の〔女子供の〕感情——魂の関与しないつまらぬ慰みしか相手にできない感情——とは異なるのであるから[51]」（HN, in-4° IV, p. 86, in-12 VII, p. 119, Pl, p. 479）。
　ここから氏は、たとえばある犬が自分の主人に対してもつ愛着の感情が、いかなる反省も思考も観念も想定する必要のないような機械的な過程の結果でしかない、というようなことを証明したいと考えるのである。

獣のなかには、人間と同じように、仲間とともに生きたいという欲求をもつものもいる。しかし彼らの社会には、我々の社会にあっては日々新しい運動を与え、社会をより大きな完成へと導いてくれるようなスプリングが欠けている。

このスプリングとは言葉〔parole〕である。言語〔langage〕というものが、人間性の進歩にいかに寄与しているかということについては、私は別のところ（校注―初版では『人間認識起源論』第一部第四章、第二部第一章一五節§一四六」と注記）で述べたことがある。言語こそは社会を主宰しているものであり、もし人間がひとりで生きていたならば決して身に付けないであろうような数々の習慣を形成する過程を取り仕切っているものなのだ。観念の伝達〔communication〕を支えるこの驚嘆すべき原理。この言語こそが、技芸と学問を生み、育《はぐく》み、結実させる樹液を循環させるのである。

言葉をあやつる才に恵まれている人々、つまり、何かを語り、自分の言いたいことを相手に分からせたり感じさせたりしようと工夫して話すことを通してその言説を〔知性の〕光と感情で溢《あふ》れさせるような人々に、我々は全てを負っている。（校注―この文章の末尾は後に手を加えられたもの。一七五五年初版では以下のとおりだった。「言語というものを鍛え上げるのに成功した人々に我々は全てを負っている」。）彼らは、ものの感じ方にいたるまで、自分たちの流儀を摸倣することを我々に教えてくれる。彼らの心〔の中にあるもの〕は、彼らの習慣の全てとともに、我々の中に流れ込む。つまり、我々は彼らから思考を受け取るのである。

誤った基礎の上に説〔＝体系〕を組み立てるのではなく、どのようにして言葉が心の中の思い〔sentiments〕を伝える通訳になったのかを考察してみれば、なにゆえに獣――分節音が発音できるものでさえも――にとって、言語を話すことを学ぶことが不得意なのかを、容易に理解できると思われる。にもかかわらず、哲学者の常として、最も単純なことほど哲学者が最後になるまで分からないことなのである。

もしここに五匹の動物がいて、一匹は視覚だけ、一匹は聴覚だけ、以下同様に嗅覚だけ、味覚だけ、触覚だけしかもたないという風に、それぞれ感覚器官が限られているとすれば、これら五匹の動物どうしの間には、感じ方における共通点がないということになるだろう。このような想定をした場合、彼らが自分の思考を互いに伝達しあえないことは明らかである。

それゆえ、こうした伝えあい〔commerce〕がなりたつためには、本質的な条件として、全ての人間が、諸観念を支える同一の基礎を共有していることが前提となる。つまり、我々がみな同じような器官をもち、それらの器官を使う仕方の習慣が全ての個人によって同じような仕方で習得され、それゆえに、万人が同じような判断を抱くようになっている……ということが前提されるのである。

しかし、この基礎は次第に変化していく。なぜなら、ひとりひとり異なる環境に置かれることによって個々の状況が違ってきて、人によって様々に異なる欲求を抱くようになるからだ。それゆえ、我々の認識の芽は〔人為的な〕手が加えられて発芽するのだが、そこには程度の差がある。つまり、芽がどこまで伸びて生《お》い茂るかという程度は様々なのである。ある木が、我々に避難所〔＝日陰〕を提供してくれるほど四方八方に枝を張り出す一方、ある木は——未開人たちがそういう状態にとどまっているが——枝のないただの幹にすぎない。

このように、人間的認識の一般的な体系《システム》には、多種多様な個々の認識体系が寄せ集められている。そして我々のひとりひとりを取り囲む環境は、各々に応じたただ一つの認識体系のうちに我々〔各人〕を包摂するのだ。あるいは、我々ひとりひとりを、各々に応じた個々の体系へと放散させると言ってもよい。

ところで、人々が互いに自分の思考を知らせうるためには、全員に共通な観念という手段を使う他はない。だから、各人がそこから出発せねばならないのはこの〔全員に〕共通な観念であり、知恵をもつ者が無知な者を知らず知らずのうちに自分の高みにまで引き上げようとするときまず依拠すべきものもまた、この共通な観念なのである。

五感を具《そな》えた獣は、〔先に挙げた〕ひとつの感官しかもたない獣に比べれば、我々人間の諸観念の基礎を幅広く共有する。しかしそうした〔五感を具えた〕獣もまた、人間とは多くの点で異なる〔身体的〕組織をもっているので、その差異に応じて人間とは全く異なる欲求をもつ。各々の動物種は、自分を取り巻いている環境に対してそれぞれ固有の関係をもっている。つまり、これこれのものは自分にとって有用であるか否かとか、有害であるか否かといったことだ。彼らは同じ場所〔lieu〕に住んでいながら、同じ環境〔circonstance〕に生きているのではないのである。[52]

こういうわけで、触覚を通して得られる基本的な観念がたとえあらゆる動物種にとって共通であるとしても、それぞれの種はそれぞれに応じた固有の認識の体系〔＝枠組み〕を作り出す。

これらの諸体系は、環境が異なるに応じて変化する。そして、二つの動物種の間の関連が遠ければ遠いほど、その両者の間の思考の伝えあいは存在しにくくなる。

しかし〔同一種の場合に話を限れば、〕個々の個体は同じような器官をもち、同じような欲求を感じ、似たような仕方でその欲求を満たし、似かよった環境の中に暮らすので、結局のところ彼らが互いに同じような学習をし、同じような観念の基礎を共有することになるのは自然な帰結である。それゆえ、彼らは言語をもちうるし、あらゆることがそれを証明しているように、実際にも彼らなりの言語をもっているのである。彼らは互いに助けを求めあい、与えあっている。つまり、彼らは自分たちの欲求に関して語るのだ。そして、この言語は、彼らの欲求の数が増えるに比例して、また彼らの相互扶助の能力が高まるに比例して、広がっていく。

分節化されない彼らの叫びや身体の動作は、彼らの思考の記号である。しかしこれらが記号になるためには、それぞれの個体において、同一の感覚〔sentiments〕に応じて同一の叫びや動作が生じるという風になっていなければならない。だから当然のことに、彼らは〔四肢などの〕外部器官にいたるまで互いによく似ている必要がある。空を飛ぶものと地を這《は》うものとは、たとえ同じ観念を共有していたとしても、互いにそれを伝達しあうことができないだろう。

身振り言語〔langage d'action〕は分節音言語の前駆段階をなす。〔校注―初版ではここに以下の注記があった。「このことは、『人間認識起源論』第二部第一章で証明された」。〕家畜のなかには、後者に関する一定の理解能力を獲得しうるものさえ存在する。我々〔＝主人〕が自分たち〔＝家畜〕に望んでいることを理解する必要に迫られたとき、我々が何を考えているかを彼らは我々の身体動作を通して判断するのだ。もっともそれは、我々の思考が彼らと共通する観念しか含んでおらず、また我々の動作〔＝身振り〕が、その動作をする状況下において彼らがする動作と似ているというような場合において、であるが。同時に彼らは、我々がある身振りをするときにいつも発する声と、それに対応する思考とを結合する習慣をも身に付ける。その結果として、自分のしてもらいたいことを、ただ口で話すだけで十分彼らに分からせることができるようにもなる。こういう風にして、たとえば犬は我々に服従することを学ぶのである。

だが、外見的な身体のつくりが我々とは全く違っているような動物の場合には、このようなわけにはいかない。たとえばオウムは、確かに分節音を喋《しゃべ》る能力をもっているけれども、彼らが聞き取る〔人間の〕言葉も彼らが喋る言葉も、彼らが我々の考えを理解することには役立たず、彼らが自分の考えを我々に伝えることにも役立たない。その理由としては、我々がオウムと共有する観念の基礎〔=ストック〕が、我々が犬と共有するそれほど大きくないということや、オウムの身振り言語が我々のそれとは全くかけ離れているということが挙げられる。我々人間はオウムより高い知性をもっているので、オウムの身体の動きを観察することによって彼らの気持を見抜けることがある。しかし逆にオウムが我々を見る場合、彼らが我々の腕の動きや身体の姿勢や顔の表情の変化といったものの意味するところを理解できるようになることは決してないだろう。我々のこうした身体運動は、彼らのそれとはほとんど関連がないし、しばしば彼らオウムが持たず、またもちえない観念をも表現するからだ。さらには、その置かれた環境ゆえに、我々の思考を知る必要を――犬とは違って――オウムが感じないという事情を加えてもよい。

〔様々な種の〕動物たちが互いに同じ欲求をもつのではないこと、たとえ同じ場所〔lieux〕にいるとしても同じ環境〔circonstances〕の中にいるのではないこと、同じ観念を獲得することも同じ身振り言語をもつこともないということ、これら全ての点に関して互いにどれほど異なるかというその程度に応じて、彼らが自分の思い〔sentiments〕をより多くあるいはより少なく伝えあうのだということ、これらは彼らの身体的組織〔の差異〕の結果である。[53] 人間は、この身体組織を精気づける精神[54]において優れているのと同じように、身体組織自体においても優れているのであって、その人間だけが言葉〔＝音声記号言語〕という天賦の才を有しているというのは驚くべきことではない。しかし、獣たちがこの資質をもたないからといって、彼らは自動機械なのだとか、感じはするが一切の知性を欠いているのだといったことを信じるべきなのだろうか。疑いもなく、否である。我々が結論すべきは、ただ次のことだけである。つまり、彼らはきわめて不十分な言語しかもたないために、個々の個体が自分で獲得しえた認識の水準にほぼ限界づけられているのだ、と。彼らはともに生きている。だが、彼らはほとんど常に、個々ばらばらに考えているのだ。彼らは極めて限られた数の観念しか伝えあえないので、互いに真似しあうこともほとんどない。互いにほとんど摸倣しあわないので、彼らなりの完成に向かって協力しあうこともほとんどない。それゆえ、彼らが常に同じことを同じ仕方で行っているのは、──すでに見たように──彼らが〔摸倣しあっているからではなく〕同一の欲求に各々従っているからなのである。

しかし、獣たちも考えはするし、自分たちの考えや思いのいくばくかを伝えあいもするし、なかには人間の言語のいくつかを理解するものもいるのだとすれば、人間と獣の違いはどこにあるのだろうか。それは程度の差でしかないのであろうか。

これに対して、私は次のように答えよう。我々は、生物〔êtres〕の本性〔nature〕[55]に関して無知であるので、生物に関してはその働き〔opérations〕を通してしか判断できないのだ、と。我々がそれぞれの生物〔種〕の限界を確定するすべを見つけようとしても空しいのは、こういう理由からなのだ。我々は、〔人間も含めた〕様々な生物の間に、単に程度の差しか見いださない。同じことになるが、次のようにも言えるだろう。人間は天使とは違った存在であるように我々には思われる。天使もまた、神それ自身とは違った存在であるように思われる。しかし、人間と天使の差はかなり大きいし、人間と獣との差はさらに大きいにしても、天使と神との距離は無限なのである。〔そして、この神と神以外の被造物との差に比べれば、天使と人間の差も、人間と獣の差も、程度問題なのである。〕

しかし、これらの間の違いを見定めようとしても、我々は曖昧な観念と比喩的な表現――「より大きい」とか「より小さい」とか「距離」といった――しかもっていない。だから、我々はこうしたことをあえて説明しようとはすまい。我々は生物の本性に関する体系〔＝学説〕を打ち立てもしない。なぜなら、我々はその本性を知らないからだ。我々が打ち立てようとするのは、生物の働き〔opérations〕に関する体系である。なぜなら、この働きならば我々もそれを知っていると信ずるからだ。ところで、生物の間には程度の差しかないように見えるというのは、様々の生物をそれぞれのものたらしめている原理における話ではなく、単にそれらの働きにおける話である。このことからだけでも、次のことを結論しなければならない。すなわち、様々な動物どうしは、その本質〔essence〕において〔程度の差ではなく〕異なっているのだ、と。[56] 最低限〔の本質〕をもつ動物は、疑いもなくその本性のうちに、最高の本質を有するために必要なものをもってはいない。神になるために必要なものを天使が己の本性のうちにもってはいないのと同じように、獣は人間になるために必要なものをその本性のうちにもっていないのである。[57]

にもかかわらず〔＝人間と獣には本質的な差異があることを確認した上でもなお〕、人間の働きと獣の働きとの間には関連があることを見せつけられると、たじろぎ不安になる人がいるであろう。そういう人々は、これでは人間と獣が一緒になってしまうと思うのである。獣にも感覚や知性に関わる機械的原理をなす器官があることや、そういう感覚や知性の結果として生まれるような行動〔actions〕があることを認めざるをえないにもかかわらず、獣に感覚と知性があることを、彼らは認めようとしないのである。〔もしこんな筋の通らない主張がなりたつなら、〕様々な生物の本質を確定するのは自分の一存でどうにでもなると考えてもよいことになってしまうだろう。彼らは偏見に囚《とら》われているので、自然をありのままに見るのを恐れているのだ。それは、暗闇のなかで、想像力の産物であるお化けを恐《こわ》がる子供のようである。

第5章　本能と理性について

〔人間以外の〕動物は本能に限界づけられており、理性は人間の占有物であると、人は口を揃《そろ》えてそう言う。何も説明していないのに人を納得させ、合理的な学説〔＝体系〕の代わりをつとめているものこそ、「本能」と「理性」というこのふたつの言葉なのである。

本能とは認識の端緒であり、もしそうでないのだとすればそれは何ものでもない。なぜなら、動物の行動は以下の三つの原理以外に基づいてはいないからだ。ひとつは純粋な機械仕掛け〔mécanisme〕。もうひとつは比較も判断も全くしない盲目的な感覚〔sentiment〕。そして最後のひとつは、比較し判断し認識する感覚……、この三つである。* ところで、私はすでに、これらのうち最初の二つだけでは〔動物の行動を説明する上で〕全く不十分だということを証明した。

＊（原注）ビュフォン氏は言う。「認識の原理は、感覚〔sentiment〕の原理では全くないように私には思われる」、と(HN, in - 4° IV, p. 78, Pl, p. 478)。事実、これは彼がいたるところで持ち出す仮定である。

しかし、本能を成り立たせる認識とはどの程度のものであろうか。それは、動物の種ごとの身体組織〔の精妙さの程度〕に応じて変化するものであるはずだ。より多くの感官と欲求をもつ動物は、それに応じて、様々なものを比較したり判断したりするより多くのチャンスに恵まれるだろう。だからこうした動物の本能は、より程度の高い認識に達していることだろう。ただし、この〔種ごとの認識の〕程度を確定することは不可能である。なぜなら、同一の種においても、ある個体と他の個体の間には、程度の差があるだろうから。それゆえ、本能を、全く隠された仕方で動物を操《あやつ》るひとつの原理とみなして満足してはならない。我々が機械的に——と人が言うところの仕方で——行う身体運動に、獣のあらゆる行動を——あたかも「機械的に」という言葉で全てが説明されているかのように——なぞらえて満足してしまってはならないのだ。ここにとどまらず、これらの運動がいかにして起こるのかを探究することを通して、「本能」と呼ばれているものの正確な観念を自前で作り上げてみよう。

もし我々がある場所から別の場所へと移動するという目的のためだけに見たいとか歩きたいと欲するのであれば、その見たり歩いたりすることについて常に反省的である必要はあるまい。我々はしばしば、ただ習慣に従って〔無自覚的に〕見たり歩いたりしているのである。しかし、より多くの事物をはっきりと区別して見たいとか、優美な仕方で歩いてみたいとか思ったならば、我々にいろいろなことを教えるのは反省の役目である。そして、そうした新しいものの見方や歩き方がひとつの習慣と化すようなところにまで、反省は我々の能力を規制し、導くのである。こうした反省を働かせる場面というのは、我々がしたことのないことをせねばならなくなったときとか、新しい欲求をもったときとか、すでにもっている欲求を新しいやり方で満足させようと思ったときとか、そういうときに限られる。

以上から分かるように、各々の人間のなかには、いわばふたつの「自我〔moi〕」がある。習慣の自我と反省の自我である。ものに触ったりものを見たりするのは、前者の自我であって、あらゆる動物的な能力を導いているのは、これである。その目的は、身体〔＝四肢〕を制御し、災難から身を守り、常に自己保存のために目を光らせるということにある。

第二の自我は、右のような細々《こまごま》したことについては第一の自我に任せ、それとは異なる目的に没頭する。それは、人間の幸福に何かを付け加えるという気配りに専念している自我である。第二の自我がよく働けば、欲望は多様化・複雑化し、その働きが抑えられれば、欲望は〔単純なままで〕力強く反復される。〔第二の自我に対する〕障害物は、その促進剤でもある。好奇心はたえずこの第二の自我を突き動かし、工夫の器用さ・巧みさ〔industrie〕がこの自我の性格になる。第一の自我〔＝習慣の自我〕は、次のような類《たぐ》いの対象によって発動する。すなわち、その対象から生じる印象が、動物の自己保存にとって不可欠な運動を身体の中に引き起こさせるような観念や欲求や欲望を魂の中に再生させるという、そういう対象である。これに対して第二の自我〔＝反省の自我〕は、好奇心を呼び覚《さ》ますことによって欲求を複雑化させるような、そういう類いの事物から触発される。

しかし、このようにふたつの自我は各々別個の目的をめざしているのだが、一緒になって働くこともしばしばある。たとえば、幾何学者があるひとつの問題を解くことに没頭しているときにでも、彼を取り巻く様々な対象は彼の感官を刺激しつづけている。それゆえ習慣の自我は、これらの諸対象からの印象に従って動く。反省の自我が己の問題〔＝幾何学〕に完全に没頭しているなかで、様々な障害物をすり抜けながらパリの街路を横切っていくのは、この習慣の自我なのである。

さてここで、成人に達した人間から反省の自我を奪い去ってみよう。そうすれば、新しい見方や策略が必要とされるような類いの欲求を感じたとき、習慣の自我だけで動くこの人が、もはや自分の行動をコントロールできなくなるのが分かるだろう。だが、習慣でできることをただ繰り返すだけでできるようなことに関しては、彼は常に完璧にそれを行うのである。それゆえ、動物の自己保存に最低限必要な諸欲求を満たすには、この習慣の自我だけで十分なのだ。ところで本能とは、反省なしで成り立つ習慣に他ならない。

実際には、獣たちも反省することを通して反省の自我を獲得することがないではない。しかし、彼らは大した欲求をもたないので、反省によって教えられる全てのことを成し遂げる日がすぐに来てしまう。そうなったら、後は毎日同じことを繰り返すことしか彼らにはすることがない。結局、彼らは習慣しかもたないということにならざるをえず、本能の限界内に閉じ込められた存在である他はないのである。

我々が、習慣をどれくらい超えた反省をなしうるかというその度合いが、我々人間の理性を構成しているものである。習慣だけで十分やっていけるというのは、すでに学んだことを繰り返しさえすればよいような環境にいるときだけだ。しかし、新しい仕方で振舞わねばならなくなれば、反省が不可欠になる。そのことは、我々がいま〔習慣的に〕行っている全てのことがまだ自分にとって新しいものであったとき、つまりはじめて習慣が獲得される瞬間においては反省が不可欠であったのと同じである。

上の原理がひとたび確立されれば、なぜ獣たちの本能が我々人間の理性よりも、さらには人間の習慣に比べてさえも、より確固たるものであるのかということを見てとるのはたやすい。

獣には大した欲求がないので、彼らはごく少数の習慣しか身に付けない。常に同じことばかりしているので、彼らはそれを巧みにやってのけるのである。

獣たちの欲求を満たすには、さほど射程の長くない、いつも同じものであるような、そういう熟慮――それに基づいて彼らは一連の長い経験をなしもするのであるが――しか必要としない。この〔単調な〕反省をするやいなや、彼らはもはや反省をやめてしまう。獣がなすべきことの全てははっきりと決められており、だからこそ彼らは確実に行動するのである。

これとは反対に、我々人間はきわめて多くの欲求をもっているので、状況に応じて変化する膨大な熟慮をせざるをえない。ここから、以下のような結論が導かれる。（一）人間は、夥《おびただ》しい数の習慣を身に付けなければならないということ。（二）こうした習慣が維持されるためには、それらひとつひとつの習慣が互いに協力せねばならないということ。（三）これらの習慣が周りの状況の多様さに対応しきれなくなったときには、理性が援助しに来なければならないということ。（四）これらの習慣〔の不十分さ〕を正し、習慣を押し広げ、完成させるために、そしてまた、ただ単に最も切迫した欲求に関わることがらについてだけではなく、最も弱い関心しか呼び起こさないようなことがらについてもしばしば熟考するように努めるために、我々には理性が与えられているので、理性は広大な対象をもつことになるということ。ちなみに、理性がもつこの広大な対象とは、好奇心というあの貪欲な欲求が果てしなく追い求めるものでもある。

それゆえ、獣たちにおいてその欲求との比例関係で本能が占める割合〔＝欲求充足のために必要な役割を本能がどこまで果たせるかという割合〕は、人間においてその欲求との比例関係で理性が占める割合よりも大きい。こういうわけで、本能は通常、あんなにもしっかりしたものに見えるのである。

しかしながら、本能が無謬であると考えてはならない。ものを見たり聞いたりするとき、その見方や聞き方にも習慣があるのだが、〔だから必ずしも無謬ではないことになるわけだが、〕こうした習慣よりもさらに確固とした習慣によって本能が作られているということはありえないのだ。こうした習慣がきわめて正確だと言うのは、単にそうした習慣を作り出す周《まわ》りの状況が多様性をもたず、常に同一のものであり、そしていつも反復されるものであるというだけの理由からであるにすぎない。しかるに、習慣は時として我々を騙す。だから、本能が獣たちを騙《だま》すということもあるのだ。(58)

さらに言えば、本能は、我々の理性と比して限りなく劣ったものでもある。〔確かに、〕もし我々人間の反省能力が獣たちのそれのように限られたものであったとしたなら、我々は彼らのような本能をもっていただろうし、そうした本能しかもたなかったであろう。かくて、我々が獣たち同じようにわずかな判断しかしないとすれば、我々は彼らと同じように確固とした判断をするであろう。〔このように、人間は他の動物よりも誤りやすい。しかし、〕我々人間が他の動物たちに比して誤りに陥りやすいのは、我々が彼らよりも多くの認識を獲得したからこそなのである。あらゆる被造物のなかで、最も誤りに陥りにくいように作られている動物は、知性の働く余地の最も少ない動物なのだ。

にもかかわらず、我々人間は様々な習慣をもっているのであるから、当然、本能ももっている。そして人間の本能は、あらゆる動物のなかでも抜きん出て大きな広がりをもってもいるのである。というのも、獣たちの本能は、それが関わる対象として、実践的な認識しかもたないからだ。つまりそれは、理論的な認識には決して向かわないのである。なぜなら理論というものは、あるひとつの方法、つまり諸観念を規定し、秩序正しくそれらを配置し、そこから様々な帰結を導くために便利な記号を前提とする〔のだが、獣には記号がない〕からである。

我々人間の本能は、実践的な本能と理論的な本能をともにあわせもっている。このことは、人間にとって身近になった一つの方法〔＝記号・言葉〕の結果なのである。ところで、〔英語やフランス語など〕何らかの言語を話す人間は全て、自分のもつ諸観念を規定し、配置し、そこから様々な帰結を導き出すやり方を弁《わきま》えている。人間は、程度の差はあれ、それぞれに完成された方法をもっているのである。一言でいうと、獣たちの本能は自分自身にとって何がよいかということについてしか判断しない。つまりそれは実践的な本能でしかない。ところが人間の本能は、単に自分にとって何がよい〔bon ＝有用〕かということについてだけではなく、何が真であり何が美であるか〔vrai, beau〕ということについても判断する。すなわち我々は、実践的な本能と理論的な本能という双方の恩恵を蒙っているのである。

実際、我々を注意深く教育してくれた人々の判断を〔真似して〕繰り返したり、獲得した知識について自分自身で反省したりした結果、様々な事物の諸連関を一挙に把握するという習慣を我々は身に付けている。この習慣はあまりにも大きなものなので、あることの明白な証明を得る前にその真理を予感することもあるほどだ。つまり、本能によってその真理を見抜いているわけだ。

このような本能は、とりわけ、活発で、洞察力に富み、広がりある精神〔を具えた人〕を特徴づけるものだ。その本能は、こうした精神の持ち主がとるべき道を、しばしばその眼前に指し示すのである。ただし、理性が一歩一歩の歩みを照らさなければ、それは危なっかしい案内人《ガイド》になってしまうのではあるが。

しかし、〔このように理論的本能の力にはよい面がある一方で〕人が習慣の重みに屈することもきわめて自然なことなので、この本能によってなされる判断に対して人が十分な警戒を払うことが稀になってしまうという反面もある。〔このような本能的な判断に由来する〕誤った先入観は、広く諸国民の間でもまた支配的な力を振るっている。世代を重ね、真似が繰り返されるなかで、こうした先入観が固定化されてしまい、哲学の歴史さえ、こうした誤った先入観ゆえに哲学者たちが陥る誤謬の堆積でしかなくなってしまうということも、しばしばあるほどだ。

この本能は、それが〔実践的判断に関わる場合はともかく〕美について判断する段になるともはや確かなものでは全くなくなる。人が次のふたつのことを観察してみれば、その理由は明らかになるだろう。第一は、「センス〔sentiment〕」とか「趣味〔goût〕」とか呼ばれるものに変貌しているものは――それは、そうすることに慣れたからこそ「センス」や「趣味」になったのだが――、結局のところ我々にとって慣れ親しんだある一定の判断の帰結に他ならないということである。それゆえ、ある対象の美しさを感じとったり味わったりするということは、その始まりにおいては、他のものとあれこれ比較しながらその対象を判断することに他ならなかったのだ。

第二の観察はこうだ。我々は子どもの時から幾多の偏見にさらされ、あらゆる種類の慣習、つまりは数多くの誤謬の中で育てられるので、人が習慣を身に付けるもととなる諸判断を支配しているのは、理性というより気まぐれなのだということ、これである。

第二の観察については、くだくだしく証明する必要もなかろう。しかし、第一の観察について納得してもらうためには〔少々説明が要るが、〕次のことを考えてみれば十分であろう。それは、自分にとっては未知の芸術を勉強しようと打ち込んでいる人の場合である。たとえばある画家が弟子を育てたいと思うとき、彼は弟子に何枚かの絵を示し、それらの構図、デッサン、表現法、彩色法などに注目させるだろう。画家は弟子に、一枚一枚の絵ごとに、それらの構図や彩色法などの関連を比較させる。そして、なぜこの絵の構図が他に比べてよく秩序づけられているのか、なぜデッサンがより正確であるのか、またあの絵はなぜより自然な表現力をもっているのか、真実の彩色法にかなっているのか……といったことを教えるのだ。すると弟子は、最初はのろのろと先生の判断を繰り返して言い、やがてそれが習慣になっていく。そして最後には、新しい絵を見せられた瞬間、弟子は先生〔が下すであろうところ〕の判断を自分自身で繰り返すにいたるのだ。この反応があまりにもすばやいため、弟子が美についてあれこれと判断を重ねているのだとは思えなくなる。つまり弟子は、美を〔瞬時に〕感じ、味わい分けて〔goûter〕いる〔ように見える〕わけだ。

しかし、趣味〔goût〕は、人が最初に受け取る印象にとりわけ大きく依存している。そして、人によって様々に異なる習慣を身に付けさせる周りの環境に応じて、この趣味は変化するのである。これこそが、この問題について見られる多様性の唯一の原因なのだ。しかし、我々は、自分たち〔趣味共同体〕の本能にあまりにも自然な形で従うので、感じとる仕方がふたつある〔=自分たち以外の感じ方もある〕などということを夢にも思わないのである。[59] 人はそれぞれ、自分のセンスこそが他人のセンス〔の良し悪し〕を判断する尺度だと信じている。人はまた、自分に喜びをもたらさないようなものが他人には喜びをもたらすことがあるのだなどということが信じられない。〔あるいは譲歩して、そういうものもよく吟味すれば美しいと判断されるのかもしれないと認めたとしても、〕せいぜい、そういう人は、そのものが美しいと冷静に判断するという点で自分よりも優れているのかもしれないと、そんな風に考えるだけである。にもかかわらず依然として、そんな判断にはほとんど何の根拠もないと彼は信じているのだ。だが、もしかりに、センス〔＝瞬間的な感じ方〕というものも、その起源においては、ゆっくりとした判断にすぎなかったということを我々が知ったとすれば、自分にとっては判断でしかない〔＝ゆっくりと考えなければ美しいと認められない〕ことも、他人にとってはセンス〔＝瞬間的な感じ方〕になっていることがありうるのだということを、我々は認めるであろう。

右のことは真理であるが、それを人が受け入れることはなかなか難しい。普通我々は、自分は自然的で生得的な趣味をもっていて、それが我々を、全く教えられなくてもあらゆることを判断できる判定者にしてくれるのだと、そう信じているのである。この偏見は普遍的であり、また普遍的であって当然のものである。あまりにも多くの人々が、この偏見を墨守することに利益を感じているからだ。哲学者たちさえも、この偏見の中に甘んじて浸《ひた》っている。なぜなら、それは万人に受け入れられているし、何も探究しなくてもすむからである。だが、もし我々が何かを見たり聞いたりすることも〔生得的ではなく、〕その見方・聞き方を学んできたのだとすれば、〔そして事実そうなのだが、〕よく見、よく聞く技術に他ならない趣味が獲得された性質でないなどということが、どうしてあるだろうか。この点を間違えないようにしよう。天才とは、その起源においては、感じることを学ぶのに適した大いなる素質にすぎない。趣味〔判断能力〕は、技芸の勉強を積んだ人にはじめて与えられるものであり、偉大な目利き〔＝鑑賞家・批評家〕は、偉大な芸術家と同じくらい稀なのである。

本能と理性についてここまで我々がしてきた考察をまとめると、あらゆる観点から見て、どれほど人間が獣たちよりも卓越しているかということが証明される。我々は、以下のことを見てきた。つまり、本能が確実に働くのは、あくまでも本能が限られた範囲で働く限りにおいてでしかないということ。そして、本能〔の働く範囲〕が広がり、本能が誤謬を引き起こすようになると、本能より大きな助けの存在を求めること、もっと大きくて有用な発見へと導かれること、そして本能に警告を発したりその誤りを正したりするような監視人を理性のなかに見いだすこと……、が大切になってくるのだということ、これである。

獣の本能は、己の対象のうちにわずかの数の性質〔propriétés ＝属性〕しか捉《とら》えないし、実践的な知識しかもつことがない。したがって獣の本能は、抽象ということを全く、あるいはほとんど全くしない。単に自分と敵対するものから逃れたり、自分にとって好ましいものを追い求めたりするためだけであれば、自分たちが恐れたり欲したりする事物を分析する必要はないのである。腹をすかせたとき、獣たちは〔望ましい〕性質と食べ物とを別々に切り離して考えたりはしない。彼らはただ、あれこれの食べ物を探し求めるだけである。そしてひとたび空腹が満たされてしまえば、もはや食べ物も〔望ましい〕諸性質〔qualités〕も、彼らの頭を悩ますことはなくなるのである。〔校注―初版には、この後に以下の文章が続いていた。「一言でいえば、事物、哲学者の言い方では〔性質ではなく〕実体が、獣のもつ欲望の唯一の対象なのである」。そして、そこに次の原注が付けられていた。「制度的な言語が抽象観念を作り出す上でいかに必要不可欠であるかということを、私は『人間認識起源論』の中で述べた。ところで、獣はこの制度的な言語をもたないか、ほとんどもたない」。）

獣たちはほとんど抽象ということをしないので、一般観念もほとんどもたない。彼らにとっては、ほとんど全てのものは個体でしかない。彼らの欲求の本性によって、彼らの関心を引きつけうるものは外的な事物しかない。獣の本能は常に彼らの関心を外界に向かうように強《し》いるのであって、自分が何者であるのかと考えさせるために彼らに内省を促すようなものを、我々は何も見いだすことができないのだ。

これとは反対に、人間はあらゆる種類の抽象操作ができるので、自分と、自分を取り巻くあらゆるものとを比較することができる。人間は、あるときは自分自身のなかに入り込み、あるときはそこから外に出て行くのである。自分自身の存在と自然全体が、人間にとっては考察の対象となる。彼の認識は増大していく。こうして、技芸と学問が誕生する。そしてそれらは、人間においてしか誕生しないのだ。

ここには、広大無辺の領域が広がっている。しかし、獣たちを圧倒する人間の優越性について、ここでは次のふたつの例しか私は示さないことにする。ひとつは神〔divinité〕の認識という例であり、もうひとつは道徳の認識という例である。

第6章　いかにして人間は神についての認識を獲得したか*

＊（原注）この章は、ほとんど全部、私が数年前に書き、ベルリン・アカデミー論集に収められ、印刷された論文——私の名前は表記されていない——から引いた[60]。

神の観念は、生得観念の存在を信じる哲学者たちの主張の大きな論拠をなしている[61]。彼らが神の実在を見いだすのは、この神という存在の本性それ自体においてなのだ。なにしろこういう哲学者たちの目の前には、万物の本質が自《おの》ずから姿を顕《あら》わすらしいのである。〔彼らは言う。〕……様々な対象が我々に対して有する関係を通さない限りそれらを認識できない、というほど盲目の人がどうして存在するのか。万物それぞれの本性、本質、第一限定、つまり、こんなにも多くの名前を与えられている事物が、それらをしっかりと把握している人の目をすり抜けてしまうなどということがどうして起こるのか……と。

しかし〔彼らが何と言おうと〕、子供時代においては、我々は様々な事物のなかに、それらが自分たちに対して示す相対的な性質しか知覚しない。それゆえ、たとえそれらの本質を発見することが我々に可能であるとしても、それができるようになるためには少なくとも、多くの反省に裏打ちされた様々な経験が必要であるということは誰もが認めるところであろうし、子供のもつ認識がそのような水準に達していないということは、哲学者たちも認めるところであるだろう。ところで、哲学者といえども子供時代があったのだから、その頃は彼らもまた我々のように〔神について〕無知だったわけである。それゆえ、〔神の本質を見抜くと自称する〕哲学者たちを観察し、彼らが子供時代に得た様々な援助に注目し、彼らの認識が観念から観念へとどのように成長してきたのかを眺め、事物が自分たちにとっての関係において現われる限りでのものの認識から、事物がそれ自体においてそうであるものの認識へと彼らがどのように高まっていったのかを理解することが必要であろう。もし彼らがこうした過程を本当に乗り越えたのだとすれば、我々もまた彼らの後についていくことができるだろうし、我々もまた彼らのように、こういう意味での成人に達することができるだろう。もし彼らがこのような過程を克服していないのだとすれば、彼らの方が我々のような子供の段階に逆戻りせざるをえないであろう。

しかし、彼らのあらゆる努力は空しいのであって、私の『感覚論』によってそのことは証明済みである。これを踏まえれば、我々が神〔＝神性〕についてもつ認識は、神の本性にまでは届かないということを人はすぐさま納得するであろうと、私はそう確信している。もしかりに我々が無限な存在の本質を認識しているとするならば、我々は疑いもなく、存在する全てのものの本質を認識するということにもなるだろう。しかし、この無限の存在が、それが我々に対して有する関係を通してでなければ知ることのできないものであるとすれば、神の実在を抗《あらが》いがたく証明しうるものは、この関係なのである。

ある真理が重要であればあるほど、それだけ一層、強固な根拠によってその真理を支えるように注意しなければならない。神の実在は、まさにこうした重要な真理――無神論者のあらゆる舌鋒がその前で鈍《にぶ》ってしまうような真理――のひとつである。しかるに、もし我々が薄弱な根拠の上にこれを打ち立てるならば、無信仰者が、そのような馬鹿馬鹿しい推論に対してしか持てないはずの優位性を、この〔神の実在という〕真理そのものに対しても有していると誤認してしまい、その偽りの勝利ゆえに、いつまでもその誤りの中にとどまり続けてしまうことになることを恐れねばならなくなるのではあるまいか。また、デカルト主義者に対する無信仰者の次のような批判を、我々もともに甘受せねばならないのではなかろうか。彼はこんな風に言うだろう。「全く根拠のない仮説の上になりたつ形而上学的な原理など、いったい何の役に立つのか。あなた方は、無限に完全な存在者の観念を、夥《おびただ》しい数の事物を包含するひとつの観念〔idée〕として語るが、そのときあなた方は、自分が極めて正確な概念〔notion〕に従って推論していると本気で信じているのだろうか。それがあなた方の想像力の産物だとは思わないのか。あなた方は、自分たちが証明したいと思っていることをあらかじめ仮定しているということに気付かないのだろうか」……と。

神〔＝神性〕について我々がもちうる最も完全な概念といえども、それは無限ではない。それは、あらゆる複合観念(62)がそうであるように、一定の数の部分的観念しか己のうちに含んではいないのだ。〔だがそれを逆から言えば、〕神の概念を作りあげるために、同時にまた、神の実在を証明するためには、非常に簡単な方法があるように私には思われる。それは、どのような段階を踏み、どのような反省の積み重ねを通して、神性を構成する様々な諸観念を精神が獲得しえたのか、また、どのような基礎の上にそれらの諸観念を統合しえたのか、これを探求することである。このようにすれば、空想的な観念に基づいて推論しているという廉《かど》で我々を攻撃したりすることを、無神論者はできなくなるだろう。そして、自分自身の内部で自滅してしまうような仮説を守ろうとする彼らの努力がいかに空《むな》しいものであるかを我々は見抜くことになるであろう。では、始めよう。

様々な原因があるひとつの仕方で絡《から》みあうことによって、私は生命を与えられた。諸原因の似たような絡みあい方では、その諸要素が私の生命にとって貴重な恩恵をなすこともあれば、重荷になってしまうこともある。また、全く別の絡みあい方によっては、そもそも私の生命が奪われてしまうこともあるだろう。私は、自分が存在していることを疑えないのと同じように、自分がこうした絡みあいに依存していることをも疑えないのである。私は、直接的に私に作用する諸原因にもっぱら依存しているのではなかろうか。それゆえ、こうした諸原因によってこそ私は幸福にもなるし不幸にもなるのだということは疑えないし、それ以外に期待を寄せるべきものは何もないのだ……。

諸対象のあれこれの部分部分から受けとる快適さや不快さの印象について人間たちが考え始めたとき最初に生じた反省は、おおむね右のような――ないしはそれに近い――ものであっただろう。彼らは、自分たちの幸福や不幸を、自分たちに〔直接〕作用する全てのものの力に左右されるものと見なしたのである。この認識によって、彼らは存在する全てのものの前に膝を屈した。そして、彼らに最も強い印象を与えるあれこれの対象〔＝もの〕が、彼らにとっての最初の神となったのである。このような〔神に関する〕粗野な概念に固執し、第一原因まで遡ることができなかった〔未開の〕人々は、無神論者たちの形而上学的な緻密さをもちあわせていなかったので、自分たちの奉じる神々の力と知恵と自由をいささかでも疑うことがなかった。〔未開人の〕偶像崇拝は、右のことを証明している。人間が神〔＝神性〕を攻撃し始めたのは、神性を認識することができるほどに成熟した後のことでしかなかった。多神教は、我々が自分たちの依存性をどれほど深く思い知らされているかということを証明している。だが、この多神教を打ち破るためには、かつては神性の原理をなしていたその原始的概念にいつまでも固執することを止《や》めるだけで十分なのである。もう少しこの話を続けてみたい。

〔多神教の誤りに気づいた人は次のように言うだろう。〕何という馬鹿な話だろう。私が、私に直接作用している諸対象だけに依存しているとは……。これらの諸対象にしても、それはそれで、それらを取り巻く万物の作用によって動かされているのだということを私は見ないだろうか。大地から放散される臭気が大気に混ざることによって、大気は健康によいこともあるし有害なこともある。ところがこの大地は大地で、もしそれが太陽によって暖められないとすれば、どんな蒸気をその胸元から放散させるというのだろうか。さらにまたこの太陽は太陽で、いかなる原因によってあのような全体が火と燃える物体になっているのであろうか。太陽を燃え上がらせているその原因には、さらにどんな原因があるのだろうか。こうした原因・結果の連鎖を果てしなく辿《たど》っていけるとするなら、第一原因なしに、様々な諸結果だけが延々と積み重なっているということを認めることにもなろう。そうだとすれば、原因のない無限の結果が存在するということにもなる。しかしこれは、明らかな矛盾であるだろう。

このような反省は、第一原理の観念を我々に与えるが、そのことによって同時に、第一原理の実在性をも証明している。この観念が、単に想像力のなかでだけ実在性をもつような類いの観念の一例なのではないかなどという疑いを挟《さしはさ》む余地はない。この観念を拒否する哲学者というのは、空しい言葉遊びの罠に落ちた人なのだ。〔第一原因抜きで世界を説明しようとすれば偶然を持ち出すしかないが〕「偶然」などというのは単なる言葉に過ぎないのであって、彼らが自説を打ち立てるためにこの「偶然」を持ち出さざるをえないというその必要性〔＝必然性〕自体が、第一原因の存在を認めることがどれほど必要かということを証明しているのである。

どのような帰結〔の系列〕を考えようとも、それらの帰結を逆向きに遡《さかのぼ》っていけば、我々は第一原因――それは直接的に、あるいは第二原因を介在させて、それらの諸帰結を按配《あんばい》し、調整しているのだが――にまで導かれる。ところで、この第一原因の対極にあるものは、それ自体で存在するものなのであろうか。それとも、第一原因が無から創造したものなのであろうか。この問題は、我々が第一原因に依存しているという最も重要な点において意見が一致しているならば、どうしても解決せねばならない問題ではないように思われる。実際、たとえこの私が〔いかなるものにも依存せず〕自分自身で存在しているのだとしても、第一原因が私にもたらしてくれた知覚を通してしか己を感じることがないのであってみれば、この第一原因こそが私の幸福や不幸をもたらしているということにならないだろうか。私が自分自身を感じとれないならば、私が存在していようがいまいが、そんなことにどんな重要性があるというのだろうか。厳密に言って、私が「自我」と呼ぶものの存在は、私がそれについての意識をもち始めたときでないとしたら、一体いつ始まったというのだろうか。〔だから、私を含む個別的存在者の起源が、それ自体で存在したのか無から創造されたのかは大した問題ではないが、〕しかしとりあえず、この第一原因は、あらかじめ自分自身で存在する諸存在者を変容させることしかしないのだと、そう仮定してみよう。その上で、この仮定が維持されうるか否かを検討してみよう。どの存在者も、一定の仕方で変容を蒙《こうむ》らずには存在できない。だから、全ての存在者がそれぞれ自分自身によって存在しているという仮定によれば、それらは同様に、自分自身によってあれこれの変容を引き起こしていることになる。それゆえ、そこに生じる様々な変容は、それらの存在自体もその結果であると想定されているところの、それら各々の本性から必然的に帰結するということになる。あるいはこう言ってもよい。もし第一原理が、様々なもの〔＝存在者〕が存在するにあたって何もできないのだとすれば、それらの変容をこの第一原理が引き起こしうるというのは矛盾であろう。なぜなら、それらが変容することは、それらが存在することと同様、それらの本性の必然的な帰結であるからだ。たとえばいま、それぞれ自分自身によって存在しているA、B、Cが、一定の連関のなかにあるとしよう。これら三者の存在に何らの権能をもたない〔＝それらを創造したのではない〕ものは、それらの間の連関に対しても同様に、何の権能をもたないから、それらを変化させることもできない。なぜなら、どんな存在者も、その力が及ばないところにある原因に依存する結果に対しては何もできないからだ。

もしある物体がその本性によって丸い形をしているのだとすれば、それが四角い形に変化するのは、その物体の本性そのものがその形を四角くするときだけであろう。その物体から存在を奪えない〔無力な〕ものは、その物体から丸さを奪って他の形を与えることもできないであろう。それと同じように、もしこの私が、私の本性によって快い感覚のなかに存在しているのだとすれば、私が不快を感じるようになるのは、私の本性が私の存在の仕方を変化させるときだけだということになるであろう。

要約すれば以下のように言える。ある存在者を変容させるとは、それの存在の仕方を変化させることである。ところで、それが自らの存在について他から独立しているのだとすれば、存在の仕方についてもまた、独立しているはずである、と。〔つまり、「私」を含めた諸存在は自らの本性で存在を始めるが、その変容については他なるものすなわち第一原因に依存している……という仮定は、明らかに矛盾し、破綻するのである。〕

それゆえ、万物を統《す》べている原理は、万物の存在を与えた原理と同じものなのだと、こう結論しよう。これが天地創造〔création〕である。それこそ、我々の観点からすれば、第一原理の作用〔l'action d'un premier principe〕に他ならず、これを通して、諸存在は、存在しないものから存在するものへともたらされたのである。我々は、この創造についての完全な観念を作ることができない。しかしそのことは、ある種の哲学者たちがそう主張しているように、それを否定する理由にはならない。

ある先天性の盲人は、自分には光というものが理解できないという理由で、光が存在する可能性を否定した。彼は、我々〔晴眼者〕を説得しようと、我々もまた、彼のもつ感覚とほとんど同じような感覚の手助けしかもちえないのだと、そう主張したのだ。彼は言う。「あなた方〔晴眼者〕は私に対して、私がその中に生きている暗闇とは、あなた方が光と呼ぶものの欠如に他ならないと断言する。あなた方は、あなた方の誰もが私のそれと同じ暗闇を経験しうるし、それを経験できないような人はひとりもいない……と口を揃えて言う」。しかし彼はこう付け加える。「もしそうであるなら、かりに全ての人が実際に暗闇で生きていると仮定してみよう。そのとき、光なるものが再び生じるという可能性は全く存在しないということになるだろう。なぜなら、ある存在者がその欠如から生じることはありえないし、無から何かを取り出すこともできないのだから」[63]。

〔その完全な観念が得られないという理由で天地創造を否定する〕無神論者は、この盲人のようなものである。彼らも、様々な諸結果は見る。だが彼らは、天地創造という〔神の〕行為の観念を全くもたないという理由でそれを否定し、代わりに馬鹿げた学説をひねりだすのである。〔もし天地創造を否定するなら、〕同じように、我々が感覚をもっていることも不可能だと主張することさえできるだろう。なぜなら、全く感覚をもたない存在者がいかにして感覚をもち始めたかということにしても、それを理解している者はひとりもいないのであるから[64]。

さらに言えば、我々が天地創造を理解できないというのは驚くべきことではない。なぜなら、天地創造の観念を作るモデルとして役立つようなものを、我々は自分自身のうちに知覚しないからだ。しかし、そのことから天地創造が不可能なことだと結論するのは、天地創造が我々には不可能だという理由で、第一原因にとっても天地創造は不可能だと言うのと同じである。それはまた、光の存在を否定したあの盲人の言い分とも全く同じなのだ。

ある原因は、それが存在を与えたのではないような存在者に対しては何もすることができない……ということが証明されれば、ただちにエピクロスの説は崩れてしまうだろう。というのも、エピクロス説は、各々自分自身で存在している実体が、にもかかわらず、互いに作用しあっていると想定しているからである[65]。そうなると〔＝この矛盾した想定が崩れてしまうと〕、無神論者たちの逃げ道としては、次のような主張しか残らないことになる。つまり、万物はひとつの第一原理から必然的に流れだしたのだが〔――譲歩してこのことは認めるが――〕、この第一原因とは盲目的で何の意図ももたないような原因なのだという主張である。事実、無神論者が結集して論陣を張るのは、この論点なのである。それゆえ我々としては、知性と自由の観念を探求し、この両者がどのような基礎の上に、第一のもの〔＝第一原因・第一原理〕に結びつきうるのかを理解しなければならない。

万物は、第一原理において現前している。なぜなら、無神論者の仮定においても、万物はその〔第一原理の〕本質のなかに含まれているからだ。もし万物が第一原理において現前しているとすれば、その第一原理はいたるところに存在し、全ての時間を貫いて存在し、広大無辺で、永遠であることになる。それゆえこの第一原理は、我々の場合とは違って何かを想像するのではなく、その知性の働きは――もし第一原理が知性を有するとすれば――もっぱら、理解する〔concevoir ＝概念的に把握する〕ことに存する。しかも、第一原理が理解するというのと我々が理解するということの間には、同じ理解といっても大きな違いがある。それは以下のようである。（一）第一原理〔＝神〕が抱く諸観念は、我々が抱くそれと同じ起源をもたない。（二）第一原理は、諸観念をひとつまたひとつと、発生的に順を追って形成するのではない。（三）第一原理は、それらの諸観念を記憶の中で按配〔arranger〕するために記号を必要としない。さらに言えば、第一原理は記憶それ自体をもたない。なぜなら、第一原理の前には全てが現前しているのであるから。（四）第一原理は、様々な発展段階を踏みながら認識から認識へと成長するのではない。以上を踏まえれば、第一原理は、あらゆる存在者を――〔現実的に〕存在しているものだけではなく、可能的に存在しているものも含めて――一挙に見通し理解する。つまり、万物の本性と、そこから帰結すべき全ての属性、全ての組み合わせ、全ての現象を、瞬時に見通すのである。第一原理が知性的であるはずだというのは、こういうことなのだ。しかし、そのことをどのようにして確かめることができようか。それにはひとつしか方法がない。我々をこの第一原因〔の存在の直観〕にまで導いていったところのあれこれの諸結果〔＝現象世界〕そのものが、その第一原因が何であるかを我々に知らしめるのであって、そのことは、この諸結果の世界がどういうものであるかを反省することを通して成就するのである。

第一原因が按配《アレンジ》した諸存在を眺めてみよう（私は「按配する〔arranger〕」と言う。なぜなら、それが知性的だということを証明するためには、それが世界を創造したとまで想定する必要はないからだ）。そこには、宇宙の諸部分から成り立つ秩序があり、それらの部分部分が相互依存的な従属的連関のなかで結ばれており、様々な夥《おびただ》しい事物が永続的な全体を形作っているのが見られるであろう。このような〔目的論的な全体をなす〕宇宙が、その原因として、次のような原理をもっているなどというような話を聞いて納得することができるだろうか。つまりその原理は、自分が作り出したものについて一切の認識をもたず、何の目論見《もくろみ》も見通しももたないが、にもかかわらず各々の存在者がそれぞれの個別的目的をもち、それらが全体としてより一般的な目的のために仕えるというように関連づけた……というような話を。〔そしてこのような話を無神論者は想定しているのだ。〕もし対象があまりにも広大すぎるというのなら、最も卑小な昆虫に目を転じてみるがよい。何という精妙さ。何という美しさ。諸器官の何という見事さ。攻撃的でもあり防御的でもあるような〔それぞれの昆虫のもつ〕武器の選択における、何という思慮深さ。生き延びるために与えられた装置・手段の何という賢さ……(66)。しかし、〔こういう大小様々な世界に驚くのもよいが〕我々〔人間〕に近しいものを観察するためには、我々自身の外に出てしまってはいけない。自分のもっている諸感官が、どんなに見事な秩序をもって互いに協力して自己保存の役に立っているか、またいかに自分が、自分の周《まわ》りにある全ての環境に依存しているか、いかに自分がそれら全てに――快楽と苦痛を通して――関わっているか、こうしたことをあなたがたひとりひとりに立ち返って観察してもらいたい。様々な知覚を伝達するために、自分の諸器官がいかに〔巧みに〕作られているか、また、自分の魂が、それらの知覚に働きかけるために、日々どのようにして、それらについての新たな観念を作り出しているか、そして、その魂〔――その魂の持ち主が無神論者である場合――〕が第一存在者には否認したところのあの知性を、どのようにして獲得しているか、こうしたことに注目してもらいたい。そうすれば、疑いもなくあなた方は次のように結論するであろう。すなわち、我々人間にこれほど豊かな感覚を恵んでくれた存在〔＝第一原因・神〕は、自らが我々に与えたこの贈り物を認識していること。この存在〔＝神〕が、諸感覚に働きかける能力をそれぞれの魂に与えるとき、その贈り物〔＝魂の能力〕が何であるかを知らずにそうするなどということはありえないこと。この存在それ自体が知性の観念をもっていない限り、我々の魂が、その機能を働かせることを通して、知性を獲得することなどはありえないということ。要約すれば、この存在は、我々の魂の諸能力が感覚から生じてくるその機構《システム》を認識していること。それゆえこの存在は、なんらかの認識と意図をもって我々を形成したのだ……ということを。

しかしこの存在〔＝神〕の知性は、すでに述べたとおり、一瞬にして万物を把握するような知性であるはずだ。もし、たとえ一瞬でも彼の目を逃れるようなものがひとつでもあるとするなら、無秩序が彼の被造物の世界を破壊してしまうであろう。

我々〔人間〕の自由は、以下の三つのことを含んでいる。

（一）我々がなすべきことやなすべきでないことについての何らかの知識。
（二）意志の規定力。ただし、我々自身に属していて、我々よりも大きた力を具えた原因の結果に属するものではないような規定力。
（三）自分の欲するところ〔＝知識に基く意志〕を行う能力(67)。

もし我々の精神が〔神のように〕十分に広く迅速で、世界の諸事物を、それらが我々に対してもつ諸連関に従って一瞬に見通すことができるとしたなら、我々はあれこれと熟考して時間を費やしたりしないだろう。認識することと、自らの振舞いを規定することとは、同じ一回的な瞬間しか必要としないであろう。それゆえ、我々があれこれ熟考するのは、我々の限界と無知の結果でしかないのだ。そして、熟慮は自由であるために必要なものではないのであって、それは無知が自由のために必要ではないのと同じことなのである。それゆえ、第一原因の自由は――もしあるとすれば――我々の自由と同じく、〔なすべきことやなすべきでないことについての〕知識と、意志の規定力と、行動の能力を含んでいる。ただ、一切の熟考を排除しているという点が、我々の自由とは違っているのである。

多くの哲学者たちは、我々人間が第一存在〔＝神〕に依存していることを、我々の自由にとっての障害とみなしてきた。この見方は誤りであるが、ここはそれに反論する場所ではない。しかしそれはさておいても、この第一存在が何ものにも依存しない独立したものである以上、その存在が自由であることを妨げるものは何もない。というのも、力と独立という属性――第一存在にこれがあるということは無神論者も否定しない――と、知性という属性――第一存在が知性をもつことは我々が証明したところである――との中に、自由を構成する全てのものを我々は見いだすのであるから。実際、人はこの第一存在〔＝神〕のなかに、認識と意志の規定力と行動する力の全てを認めているのである。このことはあまりにも自明な真理であるので、第一原因が自由をもつことを否定しようとする者は、必然的に、それが知性をもつことをも否定せざるをえなくなる。

この第一存在〔＝神〕は知性的なものであるから、善と悪〔bien et mal〕を識別し、功績と罪過〔mérite et démérite〕を判断し、全てを正しく評価する。それは自由なものであるから、この認識に基づく一貫した仕方で自ら〔の意志〕を決定し、それを実行する。このようにして、彼の知性と自由からは、彼の善良さと正義と憐憫の情が、ひとことで言えば彼の摂理が、生まれるのである。

第一原理は、ある考えから別の考えへ、ある意図から別の意図へと〔時間をかけて〕移り行くような形ではない仕方で認識し行動する。すでに我々が述べたように、この第一原理の前に万物は現前しているのだ。したがって、第一原理がその観念の全てを享受し、その作品〔＝被造物〕の全てを形作るのは、時間的継起を全く含まない一瞬においてなのである。第一原理は、永遠に、またどの瞬間においても、それがそうでありうる全てであり、不変なのだ。しかし、もしこの第一原理が、始まりも終わりもないようなひとつの行為によって〔世界を〕創造したのだとすれば、世界の諸事物はいかにして始まるのだろうか。また、いかにして終わりうるのであろうか。

それは、被造物が必然的に有限だからである。被造物は、同時的には、それがそうでありうる全てであることはできない。つまり、被造物は継起的な変化を経験せねばならず、時間のなかで持続せざるをえない。それゆえ、必然的に始まりをもち、終わりを迎えないわけにはいかないのである。

しかし、あらゆる存在者が〔時間的に〕持続する〔durer〕ということが必然的であるとしても、それら全てを貫く継続〔succession〕が絶対的な意味で同一であり〔つまり万物が同一の因果的時間軸に並んでおり〕、それゆえ、ある一つの存在者の持続が他の存在者のそれと瞬間瞬間で対応しているというようなことは、必然的ではない。世界〔の諸事物〕と私は、我々〔の哲学的見地〕から見ると同一の永遠性のなかで創造されているとはいえ、〔現象内部からみれば〕それぞれ固有の継続時間をもっている。世界〔の中の諸事物〕はそれぞれの様相なりの継続時間において持続し、私は私の様相なりの継続時間において持続する。そして、この両者の持続は、それぞれ互いにとっての他が存在せずとも存在しうるのであって、それゆえ、世界は私なしにも持続してきたし、私は世界なしにも持続しうるのであろう。そして、両者ともどもが、〔他とはかかわりなく〕終わりを迎えうるのである。[68]

それゆえ、第一原理が己の不変性を維持しつつ、時間軸上の早い時点か遅い時点かはともあれ、自由に諸事物を生まれさせたり死なせたりするのはいかにしてであるかを——我々人間の貧弱な洞察能力の許す範囲で——理解するためには、持続〔ないしは時間〕の本性について反省してみるだけで十分である。そのこと〔=第一原理が諸事物を生成消滅させること〕はもっぱら、あれこれの実体なりの様相の継続時間を変化させるという第一原理の力に由来する。たとえば、宇宙の秩序がこの〔現実〕世界とは全く別物であったとしてみよう。そうすれば、すでに別のところで私が証明したように（＊原注『感覚論』第一部第四章§一八）、この世界は〔創造の時から数えて〕すでに数百万年の時を経過したものにもなっていたであろうし、あるいは、たった数分しか経過していないものでもありえたであろう。[69] そして、各々の事物が時間のなかで生まれたり滅んだりするのは、〔第一原理によって自由に〕打ち立てられた秩序の帰結なのである。それゆえ、第一原因は自由である。なぜなら、第一原因は己の望むような仕方で、様々な被造物のなかに、それぞれに相応《ふさわ》しい変化と継続時間を作り出すのであるから。しかも、第一原因〔それ自体〕は不変である。なぜなら、第一原因はこうしたことの全てを〔時間的継起のなかではなく〕一瞬のうちに行うのであるから。もっとも、この一瞬は、被造物が生きるそれぞれの時間の全範囲にわたって遍在しているのであるが。

被造物には限界があることによって、そういう被造物については、常に現実のそれ以上の何かを付加できるということを我々は理解する。たとえば、我々〔人間という被造物〕の精神は、実際にはせいぜいふたつの観念しか同時に知覚できないが、同時に百や千やそれ以上の観念を知覚できるほど精神の広がりを拡大して〔想像して〕みることは可能であろう。しかし、第一存在について我々が作り上げてきた概念にしたがえば、それに何かを付加するというようなことは考えられない。たとえば、第一存在の知性が、〔それまで知らなかった〕新しい観念に到達するなどということはありえないのである。その知性は、すでに全てを包含し、理解しているのだから。第一存在の他の属性についても同じことであって、どの属性も無限なのである。

ひとつの第一原理が存在する。だが、第一原理はひとつだけしかないのだろうか。ふたつ、あるいはそれ以上の数の第一原理が存在するということはないのだろうか。こうした仮説を次に検討しておこう。

もし複数の第一原理があるとすれば、それらはそれぞれ独立したものであるだろう。なぜなら、他のものに依存しているようなものは第一のものとは言えないからだ。ところで、ここから以下のことが出てくる。〔複数の第一原理があるとすれば、〕

（一）それらは互いに作用を及ぼしあうことができない。
（二）それらの間には、いかなる交流もありえない。
（三）それらそれぞれは、互いに他が存在することも知らずに、ばらばらに存在している。
（四）それらそれぞれの認識と作用が届く範囲は、各々が作った被造物〔製作物〕に限られている。
（五）最後に、それらは互いに従属関係にないのであるから、それらが作り出した各々の被造物世界の間にも、従属関係は存在しえない。

以上は、異論の余地なき真理である。なぜなら、両者の一方が他方に何らかの作用を及ぼすのでない限り、両者の間にはいかなる交流もありえないからである。

ところで、あるひとつの存在者（＝複数あると想定された第一原理のうちのひとつ）が見たり働きかけたりするのは、その存在者〔の世界〕の内部においてでしかない。というのも、それは自分が存在している場所でしか、見たり働きかけたりすることができないのであるから。その存在者の視線と作用の射程範囲は、自らに固有の実体と、その実体が内包する作品の内部に限られていて、その外部にまで及ぶことはありえない。しかるに、複数の第一原理があるとすれば、それらは互いに独立しているであろうから、必然的に、一方の世界は他方の世界の外側に、他方は一方の外側に存在することになるだろう。というのも、一方が他方のなかに――部分としてであれ被造物〔作品〕としてであれ――存在するということはありえないからだ。それゆえ両者の間には、いかなる相互的な認識も作用もありえないし、両者が互いに協力することも相争うこともありえまい。結局のところ、両者は自らの世界だけが存在すると信じるであろうし、自分と同列の別世界が存在するなどとは夢にも思わないであろう。

それゆえ、我々〔人間〕および我々の認識する万物との関係で言えば、ただひとつの第一原理しか存在しない。なぜなら、我々の認識する森羅万象は、我々とともに、同じひとつの全体しか形作らないのであるから。しかし、さらに進んで、次のように結論しようではないか。絶対的な意味でも、第一原理はただひとつしか存在しないのだ、と。実際のところ、もしかりにふたつの第一原理があるとしても、その片方が、他方の存在しない世界に存在し、他方からは全く認識できず、また何の作用も及ぼせないような世界のみを見たり作用を与えたりするのだとすれば、そのふたつの第一原理とはいったい何なのかが分からなくなるであろうから。しかし、誰も擁護しようとせず、またどんな哲学者の精神にすら思い浮かばなかったようなこの馬鹿げた仮説――それは、ありとあらゆる馬鹿げた話をこしらえてきた哲学者たちさえ思いつかなかった唯一の例外である――に、これ以上拘泥するのは無用である。（校注―初版ではこの後半部が欠けている。そこでは、「誰も擁護しようとはしないこの馬鹿げた話にこれ以上拘泥するのは無用である。複数の第一原理などという話は……」となっていた。）事実、複数の第一原理などというものは、それらがただひとつの被造物世界〔ouvrage〕のために協力するというような話があるのならともかく、誰からも認められることはなかったのだ。ところで、すでに私が証明したように、こうした〔第一原理どうしの間の〕協力は不可能なのである。

独立自存、唯一、広大無辺、永遠、全能、不変、知的、自由という性質をもち、そしてその摂理〔＝配慮〕が万物に及んでいるような、そういう第一原理。これが、神について我々人間がこの世において形作りうる最も完璧な概念である。(70) あえて厳密に言えば、これらの神の観念のうちたった一つでも削除するならば、それを無神論として特徴づけることもできるだろう。しかし普通の人々は、ことがらをとりわけ道徳的な帰結との連関で考えるので、第一原因の力と知性と自由とを、ひとことで言えばその摂理を否定する者のみを無神論者と呼ぶ。ところで、こういう言葉づかいに従う限り、そもそも無神論者なる人々が存在するとは私には思えないのである。確かに、どんな形での礼拝をもたず、「神」に当たるいかなる名前〔＝呼称〕をももたない人がいることは私も認める。しかし、少しでも反省を巡らせる力があるなら、自分が何ものかに依存していることに気付きもせず、自分が依存していると考える当の存在者に対する畏《おそ》れや尊敬の念を全く抱く気にならないような人がいるだろうか。自らの欲求〔が満たされないこと〕に苦しめられる瞬間において、己の幸福と不幸の原因であるように思われる全ての存在に対して、人は自らを卑小なものに感じないであろうか。ところで、この感情は、彼の畏《おそ》れ尊敬する存在者が、力と知性と自由をもつものであることを含意しないであろうか。含意するとすれば、この人はすでに、道徳的な作用との関係で最も必要不可欠な神に関する観念をもっていることになる。さて、この人が、この尊敬する存在者に何らかの名前を与えたとしてみよう。そして、ある種の礼拝儀式を思いついたとしよう。すると、この人はこの瞬間までは神の観念を知らず、無神論者だったのだ……と、そんな風に言えるだろうか。〔そんな奇妙な言い方はできまい。〕だから、こう結論しようではないか。神についての認識は〔可能性としては〕全ての人間に理解できるところにあり、それは人々のもつ関心に比例して広がる認識なのだ、と。(71)

第7章　いかにして人間は道徳の諸原理についての認識を獲得したか

もしかりに、各人が他人の幸福を犠牲にして自分の幸福を得ようとばかりして、ある行動が自分にとって身体的な善をもたらしてくれさえすればそれで十分によいと考えたとすれば、どれほど人は互いに傷つけあうことになるだろうか。そのことを人は経験を通して思い知らされ、それを無視できなくなる。彼らは、自分たちの欲求や快楽や苦痛、さらには自分たちが経験するあらゆる状況について反省すればするほど、互いに助けあうことがどれほど必要不可欠であるかということを痛切に感じるようになるのである。こうして、彼らは互いに結びつき、拘束しあう〔s'engager〕ようになる。彼らは、許可されることや禁止されることについての取り決めをする〔convenir〕。この取り決め〔conventions〕は全て、個々人の行動が従うべき法となる。道徳性が始まる出発点は、ここにある。(72)

もし人々が神〔の観念〕にまで到達できないとすれば、彼らはこの取り決めの中に自分たちの作ったものしか見いださないであろう。しかし人々はほどなく、全てを整え準備する善と悪の唯一の分配者たるこの至高の存在者〔＝神〕のなかに、自分たちの立法者を見いだすに至る。自分たちが存在したり自己保存をしたりすることがこの至高存在のおかげであるのなら、自分たちが様々な法を作るときに従うのもこの至高存在者だということを人は理解するのである。人は、いわば自分たちの本性

〔nature〕の中にこれらの法が書き込まれているのを見いだすのである。

実際この至高存在者は、我々人間を社会の中で生きるように作り、市民の義務を発見するために十分な能力を与えてもいる。だから、確かにその意志を明示的な形で示すことはできなかったにせよ、彼は人間がこの義務を果たすことを望んでいるのだ。理性が我々に命じている法は、それゆえ、神自身が我々に課している法なのである。行為の道徳性が到達しようとする目標はここにある。

それゆえ、ひとつの自然法が存在する。すなわち、神の意志にその基礎をもつような法、しかも人間が自分たちの能力を行使するだけで発見しうるような法が、存在するのだ。この法を全く知らないという人間はひとりもいない。なぜなら、我々が互いに義務を課しあうという関係が成立した後でなければ、どんなに不完全な社会であるにせよ、そもそもひとつの社会を形成することはできないからである。もし、こうした義務を全く無視することを欲するような人々がいるとすれば、そうした人々は自然全体を敵にまわして争うことになるだろうし、彼ら自身の内部〔＝無法者集団〕においても互いに都合の悪い存在になるだろう。そして、〔その結果生じる〕暴力的な状態そのものが、そういう人々が拒否するところの法の真実と、彼らが己の理性使用についてなす誤用を証明しているのである。

この法を発見するために我々がもっている様々な手段と、この法に具《そな》わる全ての力を作り上げる〔第一〕原理とを混同してはならない。我々の能力は、〔あくまでも〕この法を認識するための手段にとどまる。神こそが、法がそこから発しているところの唯一の原理なのである。神が人間を創造する以前から、この法は神のうちに存在していたのだ。神が我々人間を創造するにあたって参照したのはこの法であり、神が人間に服従することを欲した当のものもまた、この法なのである。(73)

ひとたびこの〔道徳的〕諸原理が打ち立てられると、我々は神それ自体からみて賞罰の対象たりうる存在になる。つまり、我々の罪を罰したり功績に報《むく》いたりするのは、神の裁き〔justice＝正義〕になるのだ。

しかし、我々の幸福と不幸〔biens et maux〕が、我々の善行と悪行〔mérites et démérites〕とに釣り合ったものになるのは、この世においてではない。それゆえ、あの世の生〔une autre vie＝もうひとつの生〕が存在し、そこで正しき者が報われ悪しき者が罰せられることになる。すなわち、我々の魂は不死なのである。(74)

しかしながら、もし我々が〔神や善悪との関わりを考えずに〕魂の本性のことだけしか考慮に入れないとすれば、魂が存在をやめるということもありうるだろう。魂を創造した者〔＝神〕は、それを無に帰せしめることもできるのだ。だから、魂が〔肉体の死後も〕存在しつづけるのは、ひとえに神が公正だからである。しかし、このこと〔＝神が公正であること〕によって、魂は、あたかもその不滅性がその本質の帰結であるかのように、不滅性を約束されている。

法を認識する能力を絶対的に欠いているような存在者〔êtres＝生物〕には、義務というものが全く存在しない。こういう存在者に対して神は、正義と不正の観念を作り出す手段を一切与えなかったのであって、その点において、神がこうした者どもには何も要求しなかったということが示されているのである。これとは対照的に、法の認識にまで導いてくれる能力を神は人間には与えたのであり、それを通して神は、自らが人間に命ずる全てのことを示したのだ。それゆえ、獣には何も命じられていることはないし、禁じられていることもない。彼らには、力以外の掟〔règles〕は何ひとつないのである。〔道徳的な意味での〕善行も悪行も獣にはありえないので、神の正義に基づくいかなる権利〔droit＝法〕も彼らにはない。それゆえ、彼らの魂は〔肉体の死後〕死滅するのである。

にもかかわらず、この魂は物質的なものではない。疑いもなく、人はここから次のように結論することができる。すなわち、肉体が〔死んで〕分解することは、ただちに魂が無に帰すことにはつながらないのだ、と。実際、このふたつの実体はそれぞれ、互いの相手が存在しなくても存在しうるのである。だから、両者が相互に依存しているというのは、ひとえに神がそれを欲しているからであって、また欲している限りにおいてでしかない。しかし、〔このように本来的には魂と肉体が相互に独立しており、一方の死がただちに他方の死をもたらすわけではないにしても、〕このふたつの実体のいずれにとっても、不死性は本性的なものではない。だから、神が獣たちの魂には不死性を与えなかったとすれば〔事実与えなかったのだが〕、それはただ、神には彼らに義理立てをする必要がないからなのだ。

しかし、獣たちも苦しむではないか、獣が受ける苦しみと神の正義とはいかにして両立するのか……と問いただす人がいるだろう。これに対して私はこう答えよう。一般的に言って、獣たちの苦痛は、彼らが享受する快楽と同じくらい彼らにとって必要なものなのだ、と。苦痛こそが彼らに、逃げなくてはならないような敵について警告してくれる唯一の手段であったのだ。〔とはいえ〕このような自己保存に全くつながらず、ただ自分を不幸にさせるだけの責め苦をも、彼らはときとして経験する。しかしそうであるとしても、それは単に、彼らは死なねばならないというだけのことであって〔＝死後の苦しみを免除されているのであって〕、その責め苦は、適切だと判断して神が打ち立てた自然的法則〔lois physiques〕の帰結なのである。そしてこの法則は、獣〔を苦しませないという小さな理由〕

のために変更されるべきものではない。
マルブランシュは、神の摂理を正当化するためには獣を純粋な自動機械だと見なす必要があると〔――報いのない苦痛を獣が感じるとすれば、神は不公正だということになるかもしれないので――〕考えたのであるが、右の理由から、そのような想定をする必要があるとは私には思えない。もしかりに、我々が自然のメカニズム〔ressorts＝ばね仕掛け〕全体を認識しているとすれば、最も理解しにくいことがらについてもその理由を発見できることであろう。しかし実際には、この点について我々は無知なのだから、空想的な学説に助けを借りることは許されまい。ここは、神と神の正義をただ信頼しておくことが、哲学者にとってはより賢いやり方であろう。
結論しよう。獣の魂は、人間の魂と同様に単純であり〔＝物質に浸透されておらず〕、この点から見れば両者の間にはいかなる違いもないのであるが、我々人間に授《さず》けられている能力と人間が神から与えられている目的は、次のことを証明している。すなわち、もしかりに〔獣の魂と人間の魂という〕ふたつの実体の本性をくまなく洞察することができるならば、その両者の間には無限の差異が見いだされるであろうということ、これである。それゆえ、人間の魂は、獣の魂と同じ本性からなりたっているのではないのだ。[75]
本章と前章で我々が示した諸原理は、道徳と自然宗教の基礎をなしている。理性は、このような諸原理を発見することを通して、啓示のみが我々に示してくれる真理〔の前段階〕を準備するのである。そして理性は、真の哲学が信仰とは矛盾しえないことを示すのである。[76]

第8章　人間の情念は獣の情念とどこが違うか＊

＊（原注）「情念とは、様々な感覚のなかで抜きん出て強く、おりにふれて再現されるような、そういう感覚〔sensation〕以外の何ものかであるだろうか」。このようにビュフォン氏は言っている（HN, in - 4° IV, p. 77, in-12 VII, p. 109, Pl, p. 475）。だがもちろん、情念は強い感覚以外の何ものか、である。痛風の激しい発作に襲われている人は、様々な感覚のなかで抜きん出て強く、おりにふれて再現されるような感覚をもってはいる。だが、だからといって痛風の痛みが情念だということになるだろうか。だから、情念は〔感覚というより〕習慣と化して支配的になった欲望なのである。『感覚論』〔第一部第三章§三〕参照。

我々人間の認識が獣のそれに比してどれほど卓越しているかということについては、これまで十分に説明してきた。後は、我々の情念がどういう点で獣のそれと異なっているのかを調べるという課題が残されている。

獣は、我々のような反省能力も分別も美的感覚も創意ももたず、さらにその上、本性上わずかな欲求〔＝必要〕しか感じられないように制限されているので、彼らが人間のような情念の全てをもてないということはきわめて明白である。

自己愛〔amour propre〕は、疑いもなく〔人間を含めた〕全ての動物に共通の情念である。そして、他ならぬこの自己愛から、他のあらゆる〔魂の〕傾向も生まれてくる。

しかし、この「自己愛」という言葉を、自己保存の欲望という意味で理解してはならない。自己保存のような欲望を形成するためには、自分が死すべき存在であることを知っていなければならない。自分がいつか死ぬということに思いを巡《めぐ》らせるようになるのは、自分の〔同種の〕仲間が死ぬのを目撃した後であり、それを目撃してはじめて、これと同じ運命が自分を待ちうけているのだということに気付くのだ。これに対して、自分が痛みや苦しみを感じるものだということに関しては、我々はそれを生まれた瞬間から学び知る。それゆえ、自己愛の最初の働きは、とりあえず、あらゆる不快な感覚〔をもたらすもの〕を遠ざけることである。そして、自己愛が〔結果として〕その個体の自己保存へと向かうのは、このようなプロセス〔＝至近的な不快要因の忌避〕を通してなのである。

獣の自己愛は、おそらくはこの〔至近的不快要因忌避の〕範囲内に限られている。彼らは、苦痛や快感から自然に発せられた印〔＝叫びなどの記号〕以外には互いの気持ちを伝えあうすべを知らないので、生き続けている個体は、もはや生きていない〔叫びなどをあげなくなった〕個体に注意を向けることがない。そのうえ彼らは、自らの欲求によって常に外部世界に縛りつけられており、自分自身について反省することができないので、自分の仲間が〔死んで〕動かなくなったのを見ても、「彼らは死んでしまった。私も彼らのようにいつか死ぬだろう」などとは思うまい。それゆえ、獣には死の観念もないことになる。彼らが生を知るのは、もっぱら感覚を通してのみなのだ。獣は、いつか自分が存在するのをやめるときが来るかもしれないということを予見することなく死ぬ。彼らは、〔結果として〕各自の自己保存のために努《つと》めているときであっても、〔当面の〕苦しみや痛みを遠ざけようとすることしか頭にないのである。

これに対して人間は、生きている間ずっと、互いに見つめあい見守りあう。なぜなら、人間は、身振りや分節化されない叫び声がその記号となりうるような、そうした〔単純な〕感覚にとどまらず、それ以上のものを互いに伝えあうからである。人間は、自分たちが何を感じているかということだけでなく、自分が何を感じていないかということをも互いに述べあう。人間たちは互いに、各自の力がいかに増大し、衰亡し、消えていくかを、報告しあうのだ。彼らのなかで最初に死んでいく者たちは、自分は生きていると言わなくなることを通して、〔いわば〕自分はもはや存在しないと言うわけであり、そして他の残された者たちも、口々にこう言うのだ。「だからいつか、我々がもはや存在〔＝生存〕しなくなる日が来るだろう」、と。

それゆえ自己愛というものは、人間にとっては単に苦痛を遠ざけることを望むというだけの欲望ではなくなる。それはさらに、〔短期的な苦痛を受け入れてもなお確保したい〕自己保存の欲望ともなるのだ。この自己愛は、発展し、拡張され、対象に応じて性格を変える。自己を保存するにあたっての様々な仕方に応じて、自己愛はそれだけ多様な形態をとる。こうして、それぞれに多様化した各々の形態は、それぞれが一つの特殊な情念になるのである。

ここで立ち止まって、これらの特殊な情念のひとつひとつを検討するのは無用であろう。〔そのようなことをするまでもなく〕多くの欲求や複雑に異なる諸条件のせいで、獣には無縁であるような様々な情念を人間が——社会の中で——どのようにして抱くようになるかを見てとるのはたやすいからだ。

しかし、我々人間の自己愛には、獣のそれとは一致しようのないもうひとつの性格がある。それは、人間の自己愛が、有徳なものであったり悪徳を帯びたものであったりするということだ。というのも、我々人間は、おのれの義務を認識し、自然法〔loi naturelle〕の原理に遡ることができるからである。獣の自己愛は一種の本能であって、それは対象として身体的な善さと悪さ〔＝快と苦〕しかもたない。

この違いだけから、我々人間には、獣がそれについての観念をもちえないような〔独特の〕快楽と苦痛が生まれてくる。なぜなら、美徳に向かう傾向は快い感覚の源であり、悪徳に向かう傾向は不快な感覚の源であるからだ。

この〔道徳的〕感覚は、ことあるごとに蘇《よみがえ》り活性化される。というのも、社会の本性から帰結することだが、有徳的であれ悪徳的であれ、道徳に関わる行為をするきっかけが全くないというような瞬間は、人生においてはほとんどないからである。こうした機会を通して様々な道徳的感覚は魂を活性化させる。そして、このような〔道徳的に〕活性化した状態に魂は保たれるようになり、また我々もそういう状態を欲するようになる。

こうなると、自分の欲望の全てを〔同時に〕満たすことは、我々にはもはやできなくなる。かりに、欲望によって唆《そそのか》される全ての対象を享受できることになったと仮定すれば、逆に我々は、自分のもつ様々な欲求のなかで最も切迫した欲求、すなわち欲望という名の欲求を満たすことができなくなってしまうであろう。魂にとって必要不可欠なものとなったあの活性化した〔道徳的な〕働きも、魂から奪われてしまうであろう。魂の耐えがたい空虚感や、森羅万象と自己自身とに対する倦怠感といったものしか、後には残らないであろう。

それゆえ、欲望するとは、我々のあらゆる欲求のなかで最も切迫したもののことなのだ。〔そういうものを欲望と呼ぶのである。〕ひとつの欲望が満たされるや否や、また別の欲望が生じてくる。しばしば、我々は同時にたくさんの欲望に襲われるのだが、それらの全てに従うことができないので、瞬間瞬間の状況下、魂がそれに対して専心できないような欲望については、それを後回しにするように我々は調整しているのである。このように、我々の諸情念は繰り返し現われ、継起し、増殖していく。そして、我々はもっぱら欲望するためにしか、あるいは欲望している限りにおいてしか、もはや生きるということをしなくなるのである。

ものの精神的・道徳的な性質についての認識は、あるひとつの同じ種子からこのように多彩な情念を発芽させる原理である。〔人間を含む〕あらゆる動物においてこの種子は同じものであり、それはつまり自己愛〔amour propre〕である。しかし、こう言ってよいなら、これらの〔種子を育む〕土壌は、いたるところで等しく発芽を促すような豊壌さを具えているわけではない。我々人間の場合、精神的な性質が、様々なものに対する我々の関わりを複雑化させ、たえず我々に新たな快楽をもたらしたり新たな苦痛を与えたりして、無限に多様な欲求を生み出させる。そして、このことを通して、その精神的な性質は我々の関心を引き付け、我々をあらゆるものに結びつける。これに対して獣の本能は、もっぱら肉体的な性質に限られているので、ただ単に様々な欲望が生まれるのを阻止するというだけでなく、諸情念に伴いうる感覚の数と活発さを抑制したり、同じことになるが、もっぱら我々が専心するに値いするようなもの、理性的存在者の幸福と不幸を生み出すことのできる唯一のもの〔＝精神的・道徳的な性質〕を殺《そ》ぎ落としてしまったりするのである。獣の行動には、我々人間の行動としてみればその品位を下げてしまうであろうような粗暴さしか見いだせないが、その理由は以上のようなものである。獣の魂の活動は一瞬一瞬で完結する。肉体の欲求が静まると獣の魂の活動は止《や》み、再び肉体の欲求が生じるまでは再起しない。獣は、借り物の〔受動的な〕生しかもたない。つまり、感官に作用するものの印象から一方的に刺激され、〔それが止めば〕たちまち一種の仮死状態に陥るような生を生きているのである。獣の希望や恐れ、愛や憎しみ、怒りや苦痛や悲しみ……といったものは、反省なしに彼らを行動させる習性に他ならない。彼らの感覚・感情〔sentiments〕は、肉体的な善さと悪さ〔＝快苦〕によって引き起こされるので、それらの快苦が去ればたちまち消え失せてしまう。それゆえ、獣はその一生のうちのほとんどを、全く欲望することなく過ごすのだ。我々人間のもつ欲求の多様さも、いちどきに我々がたくさんのものに対して抱く欲望の激しさも、獣には想像することができない。彼らの魂は、ほとんど働かないという習性をもっている。彼らの能力をひん曲げようとするのは無駄なことであって、彼らの能力をより活性化させようとすることは不可能なのである。

しかし人間は、身体の欲求のなかに繊細さを持ち込むことができ、獣のそれとは全く異なった種類の欲求を作り出せるので、自らの魂の中に、それ自身で働く活動の原理を常にもつことになる。人間の生は、〔受動的な生ではなく〕自分自身に属するものであって、身体が魂に何も要求しなくなった時でもなお反省し続け、欲望し続ける。人間の希望や恐れ、愛や憎しみ、怒りや苦痛や悲しみといったものは理性に浸透された感情〔sentiments raisonnés〕であって、魂に活気をもたらし、環境が与えてくれる全てのものから養分を得て、この感情は豊かになっていくのである。

それゆえ、人間の幸福と不幸は、獣の幸福と不幸とは全く異なっている。獣は、快い感覚をもつときには幸福であり、不快な感覚をもつときには不幸なのであって、彼らにとって善いとか悪いというのは肉体的・生理的なものでしかない。しかしながら、人間の目から見たとき——もちろん激烈な苦痛は別にすれば——精神的な質と比べて肉体的な質は、あえて誇張して言えば、消え失せてしまう。肉体的な質は幸福と不幸の端緒にはなりうるが、幸福にせよ不幸にせよ、それを各々の絶頂にまでもたらすものは、ただ精神的な質だけなのである。もちろん、肉体的な質についても、善し悪しはある。しかし、精神的な質の善し悪しは、常に身体的な質の善し悪しよりも一層よいか一層悪いかであって、その振幅はより大きいのである。ひとことで言えば、精神的なものは、その始まり〔dans le principe〕においては単に情念の付属物《アクセサリー》にすぎないのであるが、人々の手を介する中で主要なもの〔le principal〕に変貌するのである。*

＊（原注）ビュフォン氏によれば、愛においてよきものは、ただ愛における肉体的なもの〔le physique de l'amour 純粋の性欲、選《え》り好みをしない異性愛〕だけであり、愛における精神的なもの〔le morale de l'amour〕は、よき愛に値しない（HN, in-4° IV, p. 80, in-12 VII, p. 115,〔Pl, p. 477〕[77]）。しかし実際には、愛における肉体的なものにも精神的なものにも双方、良し悪しがある。〔禁欲主義を否定するのはよいが、〕ビュフォン氏は、肉体的な愛を美しい面からしか考察していないし、そのあるがままの姿よりも極端に高いところにまでそれを持ち上げている。なぜそうなるかといえば、氏が肉体的な愛を「あらゆる善の第一原因」とか「全ての快楽の唯一の源泉」とみなすからである。これに反して氏は、愛における精神的なものを、ただ人間を不自然に抑え込むという側面からしか見ず、その上で、それが「〔人間〕本性を歪めるだけだ」と断じるわけである。もしこの私に、氏が忘れている側面からこの愛というものをつぶさに検討することができるとしたら、真によきものになりうるのは、愛という情念における精神的なものだけであって、肉体的なものはそれに値しない……ということを証明するのは容易であるだろう。しかし、私は

愛について語る雄弁さをもちあわせていないし、またかりにもっていたとしてもその雄弁を振るいたいとは思わないので、そのようなことをする自信もない私が下手に愛という言葉を使うことは、誤ったもの言いにしかならないだろう〔から、これ以上は語るまい〕。

我々人間の幸福にとりわけ関与しているのは、我々の欲求が増大したために必要不可欠となった、この〔精神的・道徳的なものの〕活動性である。我々は、自ら動いたり自らの能力を発揮したりしない限り、幸福ではありえない。自分にとって善きものがただ単になくなるから苦しむのではなく、魂の活動がその対象を奪われてしまうからこそ、人間は苦しむのである。かつてもっていたものを失ったとき、それでもなおその失われたものに対して自分の能力を発揮しようとする習性が我々にはあるために、自分に残されたものに対して能力を発揮することもできず、残されたものにも慰められない……ということにもなる(78)。

このように我々人間の情念は、それを満たすにふさわしい手段においても、繊細なものになる。それは〔道徳的によいものへの〕選択を欲し、その選択の根拠を問いただすことを通して、よいことと誠実であることとの間に、また幸福であることと徳高くあることとの間に、区別を設けない〔＝両者を一致させる〕ことを学ぶ。我々人間と獣との間で、その情念のあり方が異なるものになるのは、とりわけ右のようなことを通してなのである。

これらを仔細に検討すれば、以下のことを理解することができよう。すなわち、たったひとつの欲望、すなわち苦痛を遠ざけようとする欲望から、感情・感覚〔sentiments〕の能力をもつ全ての存在〔＝動物〕の内部で様々な情念が生まれてくるのはいかにしてであるか。また、我々人間と獣とに共通する身体運動〔mouvements〕が、彼らにおいては盲目的な本能の結果でしかないように見えるのに対して、我々人間においては悪徳や美徳へと変容するのはいかにしてであるか。そしてさらには、人間の獣に対する知性の優越性が、情念の領域においてもまた、人間を優越的な存在へと押し上げるのはいかにしてであるか。……こういったことが明らかになるはずである。

第9章　全ての動物における習慣の体系。それは、いかにして倒錯したものになりうるか。こうした悪習を正しうる資質を人間はもっているということ。

動物〔個体〕の内部では全てがつながっており、彼らのもつ諸観念や諸能力は、それぞれそれなりの完全な体系《システム》をなしている。

苦を避け快を求めようとする欲求は、各々の感官に教育を受けさせるように目を光らせ、聴覚・視覚・味覚・嗅覚に対して、触覚による訓練《レッスン》を受けるように促《うなが》す。また、個体の自己保存に必要なあらゆる習慣(79)を魂と身体に会得《えとく》させ、獣の行動を導く本能と、この本能的習慣だけでは不十分な場面で人間に光を与える理性とを開花させる。ひとことで言えば、欲求は全ての能力を誕生させるのである。

これまで、我々はすでに次のことを示した。すなわち、魂が〔瞬時に〕見渡せるようになった一連の観念と、身体が反復できるようになった一連の運動こそが、この〔能力の開花という〕現象の唯一の原因であるということ。そして、この両者は、情念の様々なありように従って変化するということ、このことである。それゆえ、各々の情念は、魂の中にそれに対応する一連のふさわしい観念があることを、また身体の中にそれに対応する一連の運動があることを予想させる。各々の情念は、これら一連の観念と運動に指令を与える。この情念こそが最初の動因であり、それが動力部〔＝ばね〕に作用することを通して、全て〔の身体部分〕に運動を与えるのだ。そして、この情念が強くなればなるほど、諸観念の結びつき方が緊密になればなるほど、そして肉体が魂の命令に従順に従うようになればなるほど、これらの活動・作用はすみやかに伝えられるようになる。

だが、人間の習慣を支える〔観念と身体運動の〕体系《システム》において、乱調が生じることもある。しかしそのことは、我々の〔内部に生じている右に述べたような〕活動が、複数の諸原理に基づいているという理由によるものではない。運動はただ一つの原理しかもたず、またもちえないのだから。それゆえ、習慣の体系に乱調が生じるのは、これらの諸活動が、自己保存に対して等しく協力するわけではないということ、ひとつの同じ目的に向けて働くわけではないということ、ここに原因があるのだ。体系の乱調は、我々の真の幸福にとって害になるものの中に我々が〔誤って〕喜びを見いだしてしまうようなときに生じる。だから逆に言えば、統合された目標が統合された原理と結びつくことこそが、可能な限り最高の完全性をこの体系に与えるものなのである。

しかし、我々〔人間〕の習慣は無限に増殖していくので、あまりにもその体系は複雑になり、その結果、あらゆる〔身体〕諸部分が完璧な調和を保つことは困難になる。ある点については互いに協力しあういくつかの習慣も、他の点については互いに妨害しあうのである。悪い習慣が、恐れうる限りの最もひどい悪〔＝不都合〕ばかりをなすわけではないし、よい習慣が、望み得る限りの最もよい善をなすわけでもない。というのも、それらの習慣は互いに争いあう〔＝その結果中和される〕からであって、またこれこそが、我々がときどき経験するような矛盾〔した行動〕の源泉なのである。それでも〔こうした矛盾する習慣・行動にもかかわらず〕習慣の体系が何とか維持されていくのは、結局のところ、それらの原理がただひとつの同じものであり、人間の自己保存を目的とするような習慣こそが依然として最強の習慣である、ということ以外の理由によるものではない。

〔これに対し〕獣の習慣〔＝習性〕は、より複雑さの少ない体系をなしている。なぜなら、獣の習慣は、数が少ないからである。獣の習慣は少数の欲求しか前提しないし、その欲求も普通は簡単に満足させることができる。どの種の動物においても、関心が広がってゆくということは稀である。各々の個体は、単純な仕方で、いつも同じようなやり方で、己の自己保存を目ざす傾向がある。その上、各個体は互いに争いあうことが少ないので、自分自身と争うこともまた稀である。というのも、我々人間の内面的な自己矛盾の主要な源は、自分自身の利害関心と同朋〔concitoyens〕たちのそれとを両立させる上での難しさだからである(80)。

この点において獣たちがもっている〔無矛盾性という〕優位性は、しかし、表面的なものに過ぎない。なぜなら、獣をその慎ましい欲求水準内に限界づけているのと同じ原因によって、獣は本能に限界づけられているのであるから。人間の境遇の方がどれほど望ましいものであるかを知るためには、思考を自力で操《あやつ》る点での人間の優位性を考えてみるだけで十分であろう。

互いに連合し、それが習慣となって強固につながっているような一連の諸観念に対してある激しい情念が作用する場合、〔我々を超越した〕上位の原因が我々の意識を介さずに作用しているように見えるであろうことを私は認める。つまり身体と魂が本能によって導かれ、我々の思考が霊感〔inspiration〕のように生じる〔ように見える〕のだ〔校注―初版ではここに改行があり、次の文章があった。

「こういう理由で、哲学者たちはこの現象の中に自然以外のもの〔＝観念連合による後天的な連想体系《システム》〕が見られるとは思わなかったのだ。そして、詩人たちが詩想の助力を請う偽りの神も、それを成り立たせている基礎はこういうことなのである。なぜなら、我々のアポロンもミューズ〔＝芸術の神々〕も、大いなる情念によって引き起こされる幸福な習慣に過ぎないからである」）。

しかし情念が弱く、観念の連合も強固ではなく、そして、より確固たる態度で振舞うためには情念や観念を新たに獲得しなければならないことに我々が気付き、身体が欲求に逆《さか》らいもする……といったようなときならいずれの場合でも（校注―初版では、「そしてそれはしばしば生じることであるが」が挿入されていた。）、比較し判断しているのがあくまでも自分たち〔自身〕であることに我々は気付く。このような場合、我々は選択を繰り返しながらある思考から別の思考へと赴《おもむ》き、反省をふまえながら行動する。外部からの強制力の重みを感じることは全くなく、我々は自分で自分の身体運動を決定していると感じるのだ。理性が主権を行使するというのは、このようにして、なのである[81]。

それゆえ、観念連合〔liaison des idées〕は、我々にとっては有利さと不都合さ双方の源である。* もし我々がそれを完全に壊してしまったら、我々が自らの能力の使い方を修得することは不可能になるだろうし、感官の使用すらできなくなるだろう。

＊（原注）これについては『思考の技術』[82]第一章第五節を見よ。ロックも含めて、誰ひとりとして、この観念連合の原理の全射程をとらえた者はいない（校注―初版においてはこの原注の代わりに以下の原注がある。「この問題については『人間認識起源論』を見よ。観念連合が、よい習慣、悪い習慣を問わず、様々な習慣の形成にどれほど深く関わっているかを私が発見したのはこの著作を書いているときであった。ロックも含めて誰も、この原理の全射程

を認識した者はいない」)。

もし観念連合が、より困難で弱々しい仕方でしかなされていないとすれば、我々には様々な習慣を身に付けることができなくなるであろう。そしてこのことは、悪い〔自滅的な〕習慣の形式を妨げるが、それと同じようによい習慣の形成をも妨《さまた》げるであろう。そうなれば、我々〔人間〕の世界には、大きな悪徳もなくなるかわりに、偉大な美徳もなくなってしまうであろう。多くの誤謬に陥ることは少なくなるだろうが、同様に、真理を認識することからも縁遠くなってしまうだろう。あまりにも多くの臆見にとらわれて道に迷うことはなくなるが、逆に全く何の臆見〔＝見通し〕もないという反対の理由で道を彷徨《さまよ》うことになるだろう。ときとして我々に悪を善と取り違えさせてしまうような幻想に陥ることはなくなるが、そもそも善と悪を一般的に区別することを不可能にさせる無知に陥ることにもなるだろう。

それゆえ、この〔観念の〕連合がどんな結果をもたらすにせよ、それこそが我々の内部で生じていることの全ての原動力になっているに違いない。だから〔それによって誤謬に陥ることがあるにしても、〕我々としては、そうした悪習を予防し、あるいは是正することができるようになればそれで十分なのだ。ところで、我々はきわめて広い関心をもっているので、自分の悪い習慣を正し、よい習慣を維持強化し、さらにもっとよい習慣を獲得することもできる。我々が道を見失って〔悪習にそまって〕しまう原因を調べてみれば、いかにしてそれを避けうるかという道を見いだすことにもなるだろう。

倒錯した〔悪徳的な〕情念は常に、何らかの誤った判断を前提としている。精神の誤りは、それゆえ、打ち壊すべく努《つと》めなければならない最初の習慣なのである。

もしかりに子供が自分の自己保存に最も直接的な関係をもつ事物についてのみ判断するようにしていたとしたら、そういう子供時代には人間はみな、正確な精神を自然にもったことであろう。彼らの欲求は、ごく単純な精神の働きしか要求しないし、彼らに対してたちあらわれる環境もさほど変化せず、常に同じように繰り返されるだけなので、誤りはきわめて稀にしか生じないはずであり、かりに誤りに陥ることがあっても、経験はすぐにそこから子供を救い出すはずである。

年齢を重ねるとともに我々の欲求は増え、周りの環境がいっそう変化するなかで、様々な仕方で互いに結合しあうようになり、それら諸欲求のいくつかはしばしば我々の目を逃れることになる。我々の精神は、この多様な諸欲求の全体を秩序だてて見渡すことができないので、あれこれと考えるうちに自分を見失ってしまう。

にもかかわらず、我々が自ら作り上げる欲求のうちで最後〔の段階〕に獲得する諸欲求は、我々の幸福にとって切迫した必要度のより低いものであるから、それらを満足させる上でどういう方法が適当かということに関しては、我々自身あまりうるさいことを言わなくなる。好奇心は、縁遠い数多くの事物についてあれこれ学ぶように我々をしむけるが、我々はそれらについて自分自身で判断を下すことができないので、自分の先生に相談し、先生の尻馬に乗って判断するようになる。このようにして、我々の精神は次第に誤ったものになっていくのである。

〔次に〕激しい情念の年齢〔＝性欲の目覚める思春期〕がやってくる。これは、我々にとって最も大きな錯乱の時期である。我々は〔それまでに抱え込んだ〕古い誤りをそのまま保持したうえで、新しい誤りをも身に付ける。これについて、次のように言う人がいるかもしれない。つまり、我々の最も強烈な関心が我々の理性を狂わせるのであって、我々の能力のシステムが不完全なものになってしまうのはこのことによってなのだ……、と。

二種類の誤りがある。ひとつは実践的なものであり、もうひとつは思弁的なものである。

前者の〔実践的な〕誤りは、容易に打ち壊すことができる。なぜなら、我々が幸福になろうとして採用する手段が、実際には幸福を遠ざけてしまうものだということを、経験はたびたび我々に教えるからである。そのような〔実践的に誤った〕手段というのは我々を偽《いつわ》りの幸福へと差し向けるのだが、そうしたものはたちまちのうちに消え失せ、その後には苦痛と恥辱しか残さないのである。

こうして〔経験に正されながら〕我々は最初の判断に立ち戻り、さしたる検討もなしに受け入れてきたあれこれの処世訓を疑問に付し、それを投げ捨て、自分の誤りの大本を少しずつ打ち壊していくのである。

だがきわめて微妙な状況において、こうした分別を働かせることが多くの人にとって難しいような場面があるとすれば、そこで我々を照らし導いてくれるのは法律〔loi〕である。また、この法律をもってしても全ての個別ケースが覆《おお》えない場合、その法律を解釈し、自らの理性の光を周りに分け与えつつ、正直な人々が自分の義務について思い間違いをするのを防いでくれるような様々な知識を社会全体にゆきわたらせる者は、賢者である。(83) そうなれば、もはや悪徳と美徳を混同することは、誰にもできなくなる。そこでもなお、〔何か悪いことをして〕弁解をしたがる者がいるかもしれないが、そうだとしても、彼らが弁解をしようとするその努力自体が、彼らが自分自身を有罪と感じていることを証明しているのである。

我々は〔実践的な誤りよりも〕一層、思弁的な誤りに固執しがちである。なぜなら、経験が思弁的な誤りに気づかせてくれるのは、稀だからだ。こういう誤りの源は、我々が幼少期に身に付ける習慣のなかに隠されている。ところが我々は、この源にまで遡ることはほとんどできないので、無数の小道を歩き回らせられる迷宮にいるような状態になってしまう。だから、たとえ我々がときとして自分が勘違いしていることに気付くことがあっても、どのようにしてこの誤りを避けることができるのかを理解することはほとんどできないのである。ただ、こうした〔思弁的〕誤りは、それが我々の行動にほとんど影響を及ぼさないものであるならば、さして危険なものではない。そして、それが我々の行動に何らかの影響を及ぼすものである場合には、経験がその誤りを訂正してくれるだろう。

教育は我々の誤りの圧倒的な大部分を予防することができると、私にはそう思われる。子供のころ、我々がほとんどわずかの欲求しかもたず、我々が誤った振舞いの仕方に陥るのを警告するために経験が常に目を光らせているとすれば、我々の精神はその最初の正確さを保持するであろう。ただしそれは、周りの人々が、我々に多くの実践的な知識を与えたり、それらの知識とそのときどきに身に付けることになる新たな欲求とを釣り合わせるといった配慮をしてくれるという条件において、ではあるが。

我々〔の子供時代〕の好奇心に大人がいつも応《こた》えないと、好奇心は窒息させられるが、それは恐れねばならないことである。だが一方、その好奇心を完全に満足させてやろうとしてもいけない。子供が、〔その段階の〕自分の力ではまだ理解できないことを知りたいと思ったとき、その子に最も筋の通った答えを示したとしても、それは彼にとってはせいぜいのところ曖昧な観念であるにすぎない。そういう子を満足させてやろうとして、よく人が犯してしまう最悪の対応は、〔分かりやすいが虚偽の説明をして〕子供が後で自力ではおそらく打ち壊せなくなるような偏見を植え付けてしまうことだ。全部を言わず、しかも真実しか言わないことで、子供の好奇心の〔満たされない〕部分をたえず持続させてやるのは、いかに賢いやり方であることだろうか。もっと学びたいという欲望をもち続けることは、自分はすでに立派な教育を受けたと――本当はそんな教育は受けていないにもかかわらず、あるいはもっとありそうな話だが、悪い教育を受けてしまっているにもかかわらず――過信するよりも、子供にとって有益なのである。

こういう教育の最初の歩みは、実際のところ、きわめてゆっくりしたものである。だからこういう教育を受けた子供たちのなかには、早熟な神童――何年かたつとただの馬鹿者になってしまうような――は見られない。だが、誤りを免《まぬが》れ、それゆえ、多くの知識をもつに到る、そういう理性の持ち主を人は見いだすだろう[84]。

人間の精神は、否応《いやおう》なく、自ら学ぶことを求める。たとえ最初はどんなに不毛の状態であっても、感官の働きを通してすみやかに豊かになっていき、〔知識の〕醗酵を促しうる様々なものからの影響を一杯に受けようと、子供の精神は外界に向けて開かれていくのだ。この際、耕地から悪い種子を取り除くことを怠《おこた》ると〔＝観念過多の詰め込み教育をすると〕、不健康な、しばしば危険でさえあるような植物を生い茂らせて精神は疲弊してしまうだろう。こういう悪い植物がいったん生《お》い茂ると、それを取り除くには大変な努力が必要となるのである。

与えられた教育がしてくれなかったことを補うのは、自分自身の仕事である。このためには、早いうちから、我々〔＝自分ひとりひとり〕に対する自信を抑制することを学ばねばならない。経験から、自分が実践上幾度となく誤りを犯してきたことを我々は嫌でも思い知るのであるが、そのことをたえず思い出すようにし、そして、人々の間にある数多《あまた》の臆見が、人々を党派に分断しながらほとんど全ての人を誤りに陥らせるさまを見つめたり、とりわけ最も偉大な天才たちでさえもが犯す様々な勘違いに目を向けたりするならば、我々はこの自己抑制に成功するであろう。

自分の判断を疑ってみることができるようになれば、人はすでに大きな進歩を成し遂げていることになる。そして、具《そな》えうる全ての〔精神の〕正確さを獲得するための手段を求めることだけが、残された仕事になるだろう。実際には、これはきわめて長い道のりであり、また労苦に満ちた道でもある。だが結局のところ、この道しかないのである。

次のようにことを始めなければならない。まずは、自分が既に獲得したいかなる知識も、当然のこととして受け取らないこと。形作るべき一切の諸観念を、その各々の種類《タイプ》において、秩序正しく、改めて捉え直すこと。それらの観念を、厳密さをもって規定し、正確さをもって分析すること。分析によって明らかになるあらゆる側面から、それらの諸観念を比較すること。自分の判断のなかに、この比較から得られる観念間の関係以外のものを持ち込まないこと。すなわちひとことで言えば、触れたり見たり判断したりすることをいわば学び直さねばならないのであり、自分の習慣の体系《システム》全体を、全く新たに立ち上げなければならないのである。*

＊〔原注〕これは私が『教程〔――パルマ公王子のための〕』や『感覚論』、あるいはより一般的に言えば私の著作全体を貫く視点である。〔校注―この原注は初版にはない。〕

正確な精神〔の持ち主〕であっても、自分がまだ十分に検討していないことがらについて、あえて〔早合点の〕判断をしてしまうというようなことが全くないというわけではない。彼の精神も誤ることはありうるのだ。しかし、もちろん正しいこともあるし、むしろ正しいことの方が多い。なぜなら正確な精神の持ち主は、真理をはっきりと獲得する前に、その真理を前もって告げ知らせる識別力〔discernement〕をもっているからである。彼が誤りに陥ったときでさえ、彼の見通しは〔自己修正するのに〕巧みであるという利点をもっている。なぜなら、その見通しがあらゆる観点から見て全て不正確だというようなことはありそうにないからである。むしろ、こういうときというのは、自分の見通し全体が危機にさらされていることに彼が気付く最もよい機会なのである。だから、〔部分的な〕誤りは深刻な危機にはならず、むしろ逆に、有益なものにすらなるのである。

ちなみに、精神を正確なものにしようと願うあまり、我々は最低限必要なものを手に入れるために多くのことを要求し過ぎている。我々の基本的な目標は、自分の理性が進歩するように努めながら、我々の魂の悪癖を予防したり矯正したりするところにあるはずだ。我々に必要なのは実践的な知識であって、我々の行動とはかかわらない思弁的な問題であれこれ迷ったりするのはまったく重要なことではない。幸いなことに、この種の〔実践的〕知識は、精神〔＝知性〕の大きな射程を必要としない。何がまともで正直な行為かを識別するために十分な〔知性の〕光を、各人は有しているのである。この点に関して盲目な人がいるとすれば、それはその人があえて盲目でいたいと自ら望んでいるからに他ならない。

確かに、こうした最低限の知識だけでは、我々がよりよい人間になるには不十分である。活発な諸情念、各々の情念が支配する、諸観念どうしの頑固な結合、肉体と魂が一致して身に付けてしまった〔惰性的〕習慣の力。こういったものが、乗り越えるべき大きな障害として立ちはだかっている。

もしかりに、しばしば〔認識を歪ませてしまうような〕圧力を我々にかけて猛威を振るうこの原因が、発見できないような場所に身を隠しているとするなら、その原因に抵抗することは、しばしば非常に難しいものになるであろうし、実際は抵抗できないものにもなるであろう。しかし、ひとたびその原因を認識するや否や、ことの半分は既に克服されたも同然である。人が自らの諸情念の複雑な絡みあいを解きほぐせば解きほぐすほど、その情念の支配から脱することは容易になるのだ。

それゆえ、我々の〔悪い〕習慣を矯正するためには、いかにしてそれらの習慣が獲得されたか、そして、それらが増大するにつれて、いかにそれらの諸習慣が互いにぶつかりあい、弱めあい、互いを破壊しあうようになっていったかを振り返ってみれば十分である。そうすれば、よい習慣を大きく育て悪い習慣を根絶やしにするのにふさわしい手段を、我々は認識するであろう。

このような介入をするのに最もよいタイミングは、悪い習慣がその力を最も強く発揮しているような時ではない。しかし、そのような情念はやがてそれ自身で弱まり、まもなく享楽の余韻の中で消えてしまう。実を言えば、それはまた再び蘇《よみがえ》りはする。にもかかわらず、この瞬間は、〔魂の〕平静さが支配し、理性が命令を下しうるような中休みの時間なのである。罪を犯したとき、その後にやってくる不愉快な気分や、我々を苦しめる後悔の念を反省してみよ。およそ正直でまともな行為をしたときに伴う、穏やかで喜びに満ちた感情を反省してみよ。また、気高い人が受ける敬意と卑しい人が蒙る恥辱とをありありと思い描いてみよ。一方の人生が受ける報酬と他方の人生が受ける懲罰を想像してみよ。最も些細《ささい》な居心地の悪さでさえもが、我々の最初の欲望を生まれさせ、最初の習慣を形成させるのだとすれば、我々の悪徳を矯正しようとする、どれほど多くの強力な動機があることになるだろうか。

すでにここには、我々の悪い習慣に対する最初の攻撃がある。そして次の好機をとらえて、また新たな〔悪習への〕攻撃がなされることになるだろう。このようにして、少しずつ悪い傾向は破壊され、その廃墟の上によりよい傾向が成長していくのである。

それゆえ、我々が激しい情念にとりつかれているような時期を除いて、我々は自分の理性のうちに、あるいは自分の習慣のメカニズムにおいてさえ、自らの欠陥を克服するすべをもっていることになる。ひとことで言えば、邪悪な存在であるときであっても、我々はよりよい存在へと変わるすべをもっているのである。

それゆえ、人間の習慣の体系《システム》のなかに獣のそれにはないような無秩序が存在するのだとしても、まさにそれと同じ理由から、秩序を再建するすべもまた存在するということになる。そのシステムが我々にもたらしてくれる利点を享受するのも、その体系がしばしば引き起こす不都合から身を守るのも、ひとえに我々にかかっているのだ。そして、このように〔習慣の体系を調整〕していくことによってこそ、我々人間は、他の動物を無限に凌駕していったのである。

第10章　知性と意志について——人間の場合であれ獣の場合であれ

獣の知性と意志は、人間の知性と意志に比べて、どこが異なっているのであろうか。「知性〔entendement〕」と「意志」〔volonté〕という言葉の正確な観念を形作ることからはじめるならば、この問いに答えることは難しくないであろう。

考える〔penser〕ということは、その最も広い意味では、様々な感覚をもち、何かに注意し、思い出し、想像し、比較し、判断し、反省し、様々な観念を形成し、認識し、欲し、望み、愛し、希望を抱き、恐れる……ということであって、要するにこの言葉は、精神の働きの全てを意味している。

それゆえ考えるということは、あれこれの特殊な〔精神の〕あり方を意味しているのではない。それは抽象的な言辞であり、その名のもとに、我々は魂のあらゆる変様〔modifications de l'âme〕*を一般的なかたちで理解しているのである。

* （原注）この、魂のいかなる特定の変様〔＝様態〕でもないが、「それ自身どんな種類の変様を蒙ることもできるようなもの」とは、「実体的思考作用〔pensée substantielle〕」と呼ばれ、マルブランシュはそれを精神の本質と見なしているのであるが（『真理の探究』第三巻第一章）、実際には抽象の産物でしかない。〔マルブランシュと同様〕ビュフォン氏が次のように言うとき、いかにして氏が魂に関する何らかの実質的なものを確証しえたと信じること

ができたのか、私には理解できない。すなわちビュフォン氏は、こんな風に言っているのである。「魂は、ひとつの形態しかもっていない。なぜなら、魂はただひとつの変様を通してしか現われないからだ。その変様とは、思考である（HN, in-4° II, p. 430, in-12 IV, p. 159, Pl, p. 182）。あるいはまた、この四、五ページ後で、こうも言っている。「我々の魂は、きわめて単純で一般的で斉一的な、ただひとつの形態しかもっていない。それはすなわち、思考である」。これもよく分からないが、しかしさらに次のように彼が付け加えるとき、一層わけが分からなくなる。「魂は、自分が惹《ひ》きつけられている特定の対象《オブジェ》に、内面的な仕方で合一する。魂がこの対象との合一を望むとき、その対象がどれほど遠くにあろうが、大きかろうが、またどんな形をしていようが、そうしたことはこの合一の妨げには全くならない。その合一は成就するし、しかも瞬時に成就するのである。（中略）それゆえ、意志とは、物体的・身体的な運動以外の何物かなのではあるまいか。〔もしそれが単なる接触なのだとすれば、〕どのようにして熟慮は、遠く離れた対象〔=もの（objet）〕や抽象的な事柄〔sujet〕に届くというのだろうか。また、どのようにしてこの接触は、分割しえない瞬間において成就するというのであろうか。空間と時間が存在しないとすれば、人はそもそも〔物体の〕運動というものを理解することができなかったであろう。それゆえ〔時空を飛び越えて合一を果たす〕意志とは、かりにそれが運動であるとしても、物質的な運動ではない。また、もしかりに魂の対象への合一が接触であり連絡であるとしても、その接触は遠く離れたものとの〔超空間的〕接触であり、連絡は〔超空間的〕貫通なのではあるまいか」〔(HN, in-4° II, p. 435-6, Pl, p. 184-5)〕。

〔以上がビュフォンの議論だが、〕こういう次第で、たとえば私が太陽のことを考えるとき、私の魂は、物質的ではないような運動を通して太陽に近づくというわけだ。遠く離れたものへの〔神秘的〕接触や、〔超空間的〕貫通であるような連絡を介して、魂は太陽と合一するというのである。これは明らかに、謎めいた神秘である。しかしもともと、こういう謎めいた神秘を抱え込むことは〔この類《たぐ》いの〕形而上学のお家芸であり、まさに比喩的な表現を使うたびごとに、こういう形而上学は神秘を産出するのである（この問題については、『体系論』を参照されたい）。「魂がある対象と合一する」というのは、魂がその対象について考えるということ、魂が、その対象について魂それ自身のうちにもっている観念によって満たされているということ〔=頭が一杯であること〕、このことを意味している。そして、このような〔考えるとか、頭が一杯だといった〕平凡な説明だけで、「運動」「接触」「連絡」「貫通」といった神秘的な言葉にまつわる神秘を一掃するのに十分なのだ。

普通この魂の様態は、大きくふたつの種類に分けられている。ひとつは、様々な観念を受け取り、それらについてあれこれと判断をする機能〔faculté＝能力〕と見なされるものであって、これは「知性〔entendement〕」と呼ばれている。もうひとつは、魂の運動と見なされるものであり、「意志〔volonté〕」と呼ばれている(85)。

多くの哲学者たちは、このふたつの機能の本性についてあれこれと論争を重ねてきたが、それを理解することは彼らには困難であった。なぜなら彼らは、こうしたものは単なる抽象概念なのではないかという疑念が脳裏に全く浮かばないために、抽象概念に過ぎないこのふたつの機能を、いわば魂のなかで別個に存在し、それぞれ本質的に異なる性質をもつ、この上なく実在的なものであると誤解しているからだ。抽象的なものを実体化することは、空虚な論争と悪しき推論の源である＊。

＊（原注）私はこのことを、『考える技術』〔『教程——パルマ公王子教育のための』第四巻〕の第一部第八章で証明した（校注—初版では、「『人間認識起源論』第一部第五章で証明した」とある）。

確かに、魂のなかには様々な観念や判断や反省が生じている。だから、もしこうしたものが「知性」と呼ばれているものであるとするなら、魂のなかには知性が存在するのである。〔ただそれだけの話であって、知性という名の実体があるわけではない。〕

しかし、こうした説明はあまりにも単純すぎて、哲学者たちにとっては十分に深みのある議論には映らない。我々人間が、諸観念を伝達するのに適した器官〔＝感覚器官〕と、それらの諸観念を受け取るようにつくられている魂とをもっていると、そのように言うにとどめることでは、哲学者たちは決して満足しない。彼らはさらに進んで、魂と諸感官との間に、それ自体は魂でも諸感官でもないような、そういうひとつの叡智的な〔intelligente〕能力があると言いたくなるのである。これは、本当は彼らの理解を超えた幻影である。しかし、彼らはこうしたものに過剰な実在性を与えてしまい、そういう臆見に凝り固まってしまうのである。

彼らが「意志」と呼ぶものに関しても、これと同じようなことが見られる。我々のもつあれこれの感覚に伴う快感や苦痛は、我々の魂の働き〔opération〕を規定する〔＝引き起こす〕のであるが、ただこんな風に言うだけでは彼らにとっては十分でない。これらとは別に、〔魂に〕動力を与える能力〔faculté motorice〕がなければならぬというわけだ。ただし、それについての具体的な観念を示すことはできないのではあるが。

それゆえ、知性と意志というのは、思考ないしは精神の働き〔というひとつのもの〕を、ふたつのクラスに分けて了解し、意味する、ふたつの抽象的な言辞にすぎない。注意を向け、思い出し、想像し、比較し、判断し、反省することは、知性に関連した思考のあり方である。欲望し、愛し、憎み、あれこれの情念を抱き、恐れ、希望することは、意志と関連した思考のあり方である。そしてこのふたつの能力は、感覚のなかに、ひとつの共通した起源をもっているのである。[86]

実際、私は問いたいのだが、「知性は諸観念を受け取り、意志は魂を動かす」という言い方は、もしそれが、我々がそれらどうしを比較し、それについての判断をもち、そこから欲望をそそられるような、そういう諸感覚を我々がもつ……ということを意味するのでないとすれば、一体何を意味しているであろうか。*

＊（原注）言語というものは、我々の欲求に応じて作られたのであって、あらゆる観念をひっくり返すようなこともする形而上学の学説《システム》に従って作られたのではないから、魂の諸能力〔facultés＝働き〕が感覚にその起源をもっていることを納得してもらうためには、この言語〔＝日常言語〕に尋ねてみるだけで十分である。そうすれば明らかに、魂の働きについて最初に付けられた名前は、さしあたりは、身体の働きに対して付けられた名前だったということが見てとれるであろう。フランス語でいえば、「注意〔attention＝à＋tendre＝紐などをぴんと張る、弓などを引き絞る〕」、「反省〔réflexion＝réfléchir＝反射させる〕」、「理解〔compréhension＝comprendre＝包む〕」、「了解〔appréhension＝appréhender＝捕まえる〕」、「性癖〔penchant＝pencher＝傾く〕」、「気質・好み〔inclination＝incliner＝傾ける〕」……といったことである。ラテン語の「コギタチオ〔cogitatio〕」、つまり思考も、「コーゴ〔cogo＝集める〕」あるいは「コアーゴ〔coago＝co＋ago＝共に駆り立てる〕」、すなわち私は取り集める、に由来している。というのも、何かを考えるとき、人は様々な観念を組み合わせたり、そこから様々な観念の集合体を作り出したりしているからである。「センチーレ〔sentire〕」、すなわち感じる・感覚をもつ、も、当初は身体についてしか使われてはいなかった。その証拠に、かつて人が「感じる」を魂に関連させたいと思ったときには、「センチーレ・アニモー〔sentire animo〕」、すなわち精神で感じる、と彼らは言ったからである。もしかりに、はじめから「感じる」が魂について言われていたのだとすれば、「アニモー〔animo＝心で〕」などという言葉をわざわざ付け加えはしなかったであろう。そして逆に、必要な場合には、「コルポーレ〔corpore＝身体で〕」を付け加えたことであろう。つまり、「センチーレ・コルポーレ〔sentire corpore＝身体で感じる〕」というように〔しかし実際にはただ〈sentire〉というだけで〈sentire corpore〉というような回りくどい表現はないのである〕。

「センテンチア〔sententia＝意見〕」は、「センチーレ」に由来している。それゆえ右の理由から、それは元来は身体と関連したものだったのであり、「感覚〔sensation〕」という言葉〔＝フランス語〕で理解されているものしか意味してはいなかったはずだ。それゆえ、それを魂と関連することがらにまで広げて使うためには、「センテンチア・アニミ」、つまり、精神の感覚〔sensation de l'esprit〕――「思考」「思想」という意味での――と言わねばならなかったはずなのだ。確かに私は、ラテン語のなかにこういう表現の実例があるのを知っているわけではない。むしろこれとは逆に、クインティリアヌス[87]（第八巻第五章）は、〔彼よりもさらに昔の〕古代人がこの言葉〔センテンチア〕をもっぱら「思考」「概念」「判断」といった意味でのみ使っていたと、そう指摘しているのである。「古代人は、魂で何かを感じたときに限り、それを『センテンチア〔意見〕』と呼んでいた〔sententiam veteres, quod animo sensissent, vocaverunt〕」。つまり、ここでクインティリアヌスが語っている古代人の時代でもすでに、この「センテンチア」という言葉はその最初の意味〔＝身体的感覚〕を失っていたことになる。

この「センテンチア」という言葉の意味はさらに変化していき、その用法は、〔ただの意見というよりは、〕しばしば引き合いに出されたり、目立つ取り扱いをされたりするような考え〔＝思想〕を意味するように、より特殊化されていった。賢者の格言や裁判の判決文、あるいは調和文〔ペリオード＝長く複雑で巧妙な美文〕を締めくくる決め台詞《せりふ》といったものがそれにあたる。つまり、現在でいう「金言・判決〔sentence〕」「警句〔trait〕」「皮肉〔pointe〕」などといった言葉で理解されているものを一言で表わす言葉になったわけである。

「センテンチア」という言葉の意味がこのように狭まってしまうと、もっと一般的な意味での「考え」を表現するためには、別の言葉の助けを借りなければならなくなった。そこで人は、「センサ・メンチス〔sensa mentis＝精神の感覚＝意見〕」と言うようになったのであろう。この「センサ・メンチス」〔という回りくどい言い方〕は、「センサ」という言葉が単独ではもともと「センサ・コルポリス〔sensa corporis＝身体の感覚〕」と同じ意味であったということを証明しているのである[88]。

やがて、この言葉〔＝もともとは身体的感覚を意味していたはずの sensa〕の比喩的な意味が、徐々に原義よりも優勢になっていった。そこで、〔元来の〕身体的感覚を指すために、「センスス〔sensus〕」という言葉を発明するにいたったのだ。そうなると、もはや「センサ」〔は精神専用の言葉としての地位を固め、それ〕に「メンチス〔mentis＝心の〕」という言葉を付加する必要もなくなったのであろう。

ところが、この「センスス」〔にも「センサ」同様のことが生じ、やがてこれ〕もまた精神と関連付けられるようになった[89]。そして疑いもなく、このことが、「センサチオ〔sensatio〕」――ここから我々〔フランス人〕は「感覚〔sensation〕」という言葉を作った――という言葉の登場を促したのである。以下、クインティリアヌスの言葉を引用しよう。

「だが、彼らが『センサ〔sensa〕』と言うとき、それがこれ〔センテンチア〕と同様の〔精神的な〕ことを意味しているということも稀ではなかった〔Non tamen raro et sic locuti sunt, ut sensa sua dicerenti;〕。これに対して、『センスス sensus』は、身体的なものと見なされていたのである〔nam sensus corporis videbantur.〕。もっとも、〔今では〕この『センスス』もまた、精神の概念を指す言葉として使うような習慣が確立されているのではあるが〔Sed consuetude jam tenuit, ut mente concepta, sensus vocaremus〕」。クインティリアヌス（第八巻第五章）。

こうした説明〔＝知性も意志も、ともに感覚というひとつの働きの様態であるという説明〕と、我々が本書で確立してきた諸原理から、以下のことが導かれる。すなわち、獣においては、知性と意志のうちに、魂にとって習慣となってしまったような働き〔opérations〕しか含まれていないということ。これに対し、人間においては、この〔知性と意志という〕能力が拡大し、反省によって統括されるようなあらゆる働き〔＝機能〕にまで至っているということ、これである。

この反省という作用から、意志的で自由な行為が生まれてくる。〔確かに〕獣もまた、我々人間と同じように、いやいやではなく〔＝自分の好みにしたがって〕振舞う。このことは、それだけでもすでに、意志的であるための一条件ではある。しかし、意志的であるためには、さらにもうひとつ別の条件がなければならない。なぜなら、「私は何かを欲する〔je veux〕」ということは、単に「それは私には好ましい」ということだけを意味しているのではなく、「それは私の選択したものだ」ということをも意味しているからである。ところで人は、自分自身が選択候補として並べ立てた〔disposer〕ものの間でなければ、何かを選択するということができない。自分の習慣に従っているだけのときには、人は何かを選択しているのではなく、周りの環境から与えられた衝動にただ従っているのである。それゆえ、選択する権利、つまり自由とは、もっぱら反省にこそ属しているということになる。獣はひたすら、環境から命令されるだけだ。反対に人間は、自らの環境についての判断を下し、そのなかのあるものには同意し、あるものには拒否をする。人間は自分自身で行動し、〔この意味で〕あれこれのものを欲する。人間は自由なのである。

第Ⅱ部の結論

動物の諸能力の生成ほど驚嘆すべきものはない。その諸法則は単純であり、一般的である。その諸法則は、全ての動物種において同一であり、それぞれの種が様々に異なる内部組織を具えているのに応じて、それと同じように多様なシステムを作り出す。内部組織の数が、あるいは数は同じでも形だけでもが違っていれば、その欲求は違ってくるであろうし、それに応じて、その魂と身体には独特な働きが生じてくることになるであろう。このようにして、あらゆる種に共通な能力や習慣は別とすれば、各々の種がそれぞれ自分たちにしかない特有の習慣や能力をもつにいたるのだ。

感じる能力は、魂のあらゆる諸能力の最初のものであり、他の全ての諸能力の唯一の源泉〔＝起源〕でもある。そして、感じる存在〔としての動物〕は、〔感じる存在としての〕己を変容させることしかしてはいない。獣の中には一定程度の知性があり、それを我々は「本能」と呼ぶのだが、人間の中にある最高度の知性については、これを「理性」と呼ぶのである。〔だから、その根底には同じ「感じる存在」という同一性があって、違いは程度の差なのだ。〕

この感じる存在は様々に変容していくが、その変容の全ての過程でこの感じる存在を導いているのが、快楽と苦痛である。魂が、魂それ自身と身体とのために考えることを学ぶのは、この快苦を通してであり、身体が、身体それ自身と魂とのために自ら動くことを学ぶのも、この快苦を通してなのだ。獲得されたあらゆる知識が相互に繋がりあって、あれこれの欲求と対応した観念の連鎖――それらの欲求が蘇《よみがえ》るたびに、この連鎖も蘇る――を作りだしているのだが、それもまた、この快苦を通してである。ひとことで言えば、快苦を通してこそ、動物は己の諸能力を実際に享受するに至るのだ。

しかし、各々の動物種は、他の種にとっての快苦とは異なる〔固有の〕快や苦をもっている。それゆえ、それぞれの種は互いに別々の欲求をもち、自分たちの種の自己保存に必要な学習を、それぞれが別々に行うのである。彼らは、〔その種に応じた〕様々な程度の欲求と、習慣と、知性をもつ。

快と苦が際立って複雑に増大するのは、人間においてである。対象の物理的な性質に、人間は精神的《モラール》な性質をも付け加える。そして、他の動物にとっては存在しない無数の諸関係を、人間は事物のなかに見いだすのだ。人間の興味関心は広大になり、その対象は数え切れないほど膨大なものになる。人間はあらゆることを学ぶ。人間は、あらゆる種類の欲求と情念を作り出す。そして、人間はその理性によってと同様、その習慣によっても、獣たちに対して卓越するのである。

実際、獣たちは、社会〔を作る場合〕においてさえ、各々〔の個体〕がばらばらになした進歩しか示さない。身振り言語が彼ら〔それぞれの種〕の内部にもたらす観念の伝えあい〔commerce〕はきわめて限られたものなので、各々の個体は、自らが学ぶときにあてにできるものとして、自分自身の経験しかもたないのである。獣たちが一定の範囲までしか何かを発明せず、発達もしないとすれば、そして彼らが〔自分と同種の間では〕みな同じことしかなしえないとすれば――〔実際そうなのであるが〕――、それは彼らが互いに摸倣《コピー》しあっているからではない。それは、彼らが同じ鋳型に流し込まれて

作られており、同じ欲求を満たそうとして、同じ手段を通して振舞うからである。(90)

これとは反対に人間は、互いの考えを伝えあうことができるという利点をもっている。各人はそれぞれ他人から学び、またそれに自分自身の経験から得たものを加える。そして、人間がひとりひとり振舞い方において異なるのは、もっぱら彼らが摸倣することからはじめるという理由からに他ならないのである。このようにして、人間は世代から世代へと、知識に知識を積み重ねてきた。真理を見分け、美を感じることのできる唯一の存在として、人間は技芸と学問を創造し、そして神性〔の認識〕にまで自らを高めることになる。つまり神を称《たた》え、自らが獲得した様々な善きものをこの神の恩寵の賜物であると認めて、それを神に帰すのである。

にもかかわらず、確かに人間の能力と知識の体系《システム》は他の動物のそれとは比較にならないほど卓越してはいるけれども、それでもやはり人間はまた、全ての動物〔êtres animés〕を包み込む一般的な体系の部分をなしてもいる。そしてその体系においては、あらゆる能力が、感覚という同じただひとつの源泉から生まれ、欲求という同じひとつの原理によって生成し、観念連合という同じひとつの手段を通して作動するのである。感覚、欲求、観念連合。これこそが、動物のあらゆる作用を説明するにあたって参照すべき体系なのである。この体系に含まれる真理のうちの個々のものはすでに人の知るところであったかもしれないが、それらを全体としてここまで統一的に把握し、その詳細について明らかにした人はこれまでいなかった。そのことを本書は成し遂げたのである。(動物論終)

（付論）『あるアメリカ人への手紙』の著者にあてたコンディヤック神父の手紙

拝啓 〔リニャック〕神父様 〔あなた自身がそう述べられたように〕「私の過ちを正してやろうという人々の気遣いは好意に満ちたもの」であり、あなたのお気遣いもまた、私にはそういう好意的なものとしか思えません。私〔コンディヤック〕が自分の意見にあくまでも固執しようとは決して思わないという点をあなたは承知しておられるのですから、あなたの批判によって私の意見が根拠のないものであることを納得したならば、私がただちに自説を放棄するであろうということを疑ってはなりません。しかし、私の『動物論』を反駁しようとしてあなたが書かれたものが私の誤謬を明らかにしてくれたかといえば、全くそうではなかったということを、私は正直に言わねばなりません。私は、自分に誤りがあるならばぜひともそれを知りたいと思いますし、真理への愛ゆえに、私はいくつかの考えをあなたに伝えないではおられないのです。またそれを通して、あなたが私の『感覚論』まで遡って批判されるとき、あなたの攻撃がより的確になることも私の望むところです[91]。

ある著作家の諸原理や様々な表現を十分に噛みしめて読むのではなく、さっと読み飛ばしたり、ある一文や頁を、その前や後に続く文脈のつながりに注意することなくそこだけ書き抜いて問題にしたりすると、明晰な文は不明瞭に、正確な文は曖昧になり、そういう読み手は自分自身がこしらえた幻想と格闘することになってしまいます。全体が緊密に結びあわされているような体系的著作は、その全体を捉えようとしない批判者の目から見ると、支離滅裂な著作に見えるでしょう。そういう批判者は、本質的なことがらを見落としたり、さらには、著者の考えを完全に変えてしまうような表現を勝手に押し付けたりさえもするのですが、そうした挙句にその著作と悪戦苦闘することになるのです。だから、こういう著作は注意深く読むべきでしょう。そして、リニャック様。あなたの目的が、あなたが批判しようとした〔私の〕諸原理が危険な諸帰結を様々に引き起こすであろうということを示すことにある以上、あなたは臆病なまでに慎重に注意を払うべきであったのです。しかるに、あなたは私の注記のひとつを、次のように引用しておられます（第九部、二六頁）。「もし延長というものが存在しないとすれば、物体というものも存在しないだろうと、そう言う人がいるかもしれない。しかし、延長が存在しないなどと私は言っておらず、我々の感覚『以外のところ』に延長というものが存在しないのだとすれば（……この箇所一部省略……）、我々は、延長を我々の感覚のうちにしか知覚しないだろうと、そう言っただけなのである[92]」。……そして、このように引用した上であなたは言います。「以上が彼〔コンディヤック〕の言いたかったことだということは明らかである」、と。しかし、もしあなたが私の文章を正確に引用していたなら、感覚と魂に対して延長が現われていることを私が前提していることは明白だったはずです。しかも、リニャック様、あなたがこの引用箇所の一部を省略し、「以外のところ」という言葉を付け加えて解釈したことによって私の考えは全く異なるものにねじまげられているのです。同様なことは、あなたが私の推論だとして物笑いの種にしている箇所についても言えます（七五頁）。そこであなたは、（一）私のテクストを正確に書き写さず、しかもあなたの創作した文を一緒くたにした上でそれらを引用符で括《くく》っています。またあなたは、（二）その該当章の真ん中あたりにある文章を引き抜いて、それがその章自体の主題を導く推論部にある文章であるかのように示していますが、それもまた私にはきわめて驚くべき仕業であるように思われます。

リニャック様。実際のところ、あなたが私の諸原理にまとわせた姿は、実際のところを完全に隠す変装となっています。しかし、あなたが戦いを挑んでいる真の相手が私ではないということに気付かないような人は、知性を具えた読者のなかにはいないでしょう。あなたは私に反論してこう言われています（三〇頁）。「私〔リニャック〕は、魂がそれを通して自分自身の存在を感じるような、そういう自己の魂のあり方や様式のうちに、三つの次元〔＝立体空間〕をあなた〔コンディヤック〕が見いだしている……と主張します[93]。そうであれば、もしそういう次元が、そこ以外のどの場所にもないのだとしても、少なくともその場所には存在するわけです」、と。リニャック様、お答えしますと、私は自分の諸原理を正確なものにしようと努めましたが、あなたはこの正確さを犠牲にして、ご自分が望む結論を引き出すのにきわめて都合のよい曖昧さを持ち込んでおられます。我々のもつ様々な感覚は、延長の観念を我々に与える……と私が言うとすれば、あくまでもそれは、我々がそれらの感覚を〔己自身の〕外部に関係づけ、それらを〔外部〕対象の性質と捉えるときに限った話なのです。これに対して、我々が感覚を自分の魂のあり方として捉えるときには、感覚はこの〔延長という〕観念を決してもたらさないということを、幾度も私は証明しました。どうか、私が言ったことに従って結論を導いていただきたい。あらゆる哲学者が唯物論者だということを証明されるのはご勝手ですが、しかしそれはあくまでもあなたの仕事であって、私の関知するところではありません。あなたは、彼ら〔哲学者〕に対してこう言われています。「色というものは、我々の心の様態《モード》です。ところで私は、人が色を見るとき、延長をも見ているということを否定することができません。それゆえ魂は延長する様態〔modes étendus〕を有するのであり、魂はそれ自身延長するものであるのです(94)」。

あなたは、こうも言われています（三六頁）。「コンディヤック神父は、精神にとって本質的な性質、つまり感受性〔sensibilité〕を機械〔＝獣〕に与えた廉《かど》で、ビュフォン氏を非難しています。しかしこれがもし正しいのであれば、ビュフォン氏は、機械にしか属さないようなもの〔＝延長〕が魂にもあると認めた廉で、コンディヤック神父を論難できる、同じような権利を有することになるでしょう。私が「機械にしか属さないもの」ということで言いたいのは、三次元〔空間〕のことなのですが……。もしここに意見の対立があるなら、コンディヤック神父が、ビュフォン氏の『博物誌』第四巻から、『感覚論』の着想を引き出さなかったということを証明できたでしょう〔が、実際には本質的対立がないので証明できないのです〕」。

何という証明でしょうか。あなたは真面目に語っておられるのでしょうか。いいえ、そうではないでしょう。あなたは、こう続けているのですから。「『感覚論』の核心とみなされている点において、このふたりの著者〔＝コンディヤックとビュフォン〕の考えが一致していることは、私にとって残念である。その核心部とは、我々人間が延長の観念をいかにして作り上げるのかということについて、この両者が説明を試みる箇所である」。

あなたはご自分が、ビュフォン氏の著作の中に、これに関する説明を読んだと、しかも私がこれについて与えたのと同じような説明をビュフォンの中にも読んだと、そう信じておられます。その上で、それを残念に思われたようです。しかしリニャック様、ご安心下さい。あなたはビュフォン氏の中に私がしたような説明を読んでおられない。あなたは、全く異なるふたつのことを混同なさっているのです。ビュフォン氏は、我々がいかにして延長の観念を触覚によって形成するのかを説明しようとなどは全く考えておらず、嗅覚〔＝匂い〕と視覚〔像〕が、〔触覚によって作られる延長の観念とは無関係に〕自然に与えられると想定しているのです。彼は、生まれたばかりの動物の子でも、嗅覚だけを頼りに、食べ物の存在とそのありかについて判断できると信じています。また彼は、一度も物に触れたことがない人間でも、目を開きさえすれば、天の蒼穹、緑なす牧場の草、水の透明なきらめきといった様々な無数の対象を見分けるのだと信じており、ただ、それら全てのものが自分自身の〔身体の〕一部だと思っているので、彼の手が触れる対象が〔逆に感じる主体となって〕手を「感じ返す」ときにならなければ、実際に彼自身の身体に属するもの〔だけ〕をそれとして認識するようにはならない……と、そう信じてもいます。私は、あなたとともに、この〔「感じ返す」という〕言い方には賛意を表しますし、また違った言い方ではあれ、私もこれと同様のことを言ったということは、私も認めます。* しかし、我々がある対象を自分自身の身体だと認識するのはどのような印《しる》しに基いているかを示すことは、我々がいかにして延長の観念を形成するかということの説明になっていますか。〔なってはいないでしょう。〕また、そのこと〔についてのビュフォンの説明〕は、『感覚論』において本質的な点をなしていることと一致するでしょうか。〔しないでしょう。〕

＊〔原注〕もっとも、私はこれよりももっと正確に言ったと信じてはいるが。というのも、「感じ返す〔rendre sentiment pour sentiment〕」というのはふたりの人間の間で成り立ちうる事態であるから。

あなたがテクストを読み飛ばした注意力の軽さと、あなたがあえて下した判決の重さを比較すれば、人は驚くでしょう。あなたの読み飛ばしはあまりにも甚だしく、ときには、言葉尻〔の一致〕だけを頼りにして判断してしまうというようなことも、あなたには見られます。ふたつ、その例をお目にかけましょう。

私は、次のように言いました。「各々の人間のなかには、いわばふたつの自我〔moi〕がある」〔『動物論』第II部第5章〕。これに対し、あなたは以下のように注記しています（八四頁）。「これは、ビュフォン氏の言う二重の人間を荒っぽく摸倣したものにすぎない」、と。もしあなたが、これを単なる言葉上〔の一致〕の問題というだけでとどめておけば、それは正しいといってよいでしょう。しかし、あなたが考えの中身にまで踏み込んでいくなら、全く異なるふたつの思想が見いだされるはずです。

もうひとつ。私はこうも言いました。[95]「オウムは我々人間の身振り言語を理解しない。なぜなら、オウムの身体の外形的なつくりは、我々のそれとは全く似ていないからだ」、と〔『動物論』第II部第4章〕。おそらく、あなたは〔私の使った〕この「身体の作り〔conformation〕」という言葉を、『博物誌』のどこかの部分においても読んだのでしょう。そして、あなたは言うのです（八二頁）。「これは、ビュフォン氏が挙げた〔オウムの言語能力のなさの〕理由のひとつである」、と。〔しかし、私の挙げた主要な理由はこれではありません。〕

リニャック様。あなたの批判の仕方にはもうひとつの問題があります。それは、〔論敵の〕推論の全体を捉えるのではなく、個々の命題ごとに立ち止まり、それらをつなぐ推論が完全に展開されて原理が打ち立てられる前に、その個々の命題からいきなり〔勝手な〕結論を導くというやり方で、あなたは好んでこういうことをなさっているように思えます。これこそが、矛盾のないところに矛盾を発見する実際の秘訣なのです。たとえば、いかにして人間が道徳の諸原理に関する認識を獲得したかを私が説明した章を読み始めるや否や、あなたは慌《あわただ》しくもこう結論しています。「こういうわけで、〔コンディヤックにおいて〕自然法は全く存在しないのだ」、と〔『あるアメリカ人への手紙』第九部第三書簡〕。しかし、真面目に読めば、あなたも私の推論を次のような結論にまでつなげてくれるでしょう。すなわち、私はこう結論したのです。「ひとつの自然法が存在する。〔……〕神こそが、〔この自然〕法がそこから発しているところの唯一の原理なのである。神が人間を創造する以前から、この法は神のうちに存在していたのだ。神が我々人間を創造するにあたって参照したのはこの法であり、神が人間に服従することを欲した当のものもまた、この法なのである」、と〔『動物論』第Ⅱ部第7章冒頭〕。

類推《アナロジー》に導かれて、私は獣の中にも魂があると認めるに至りました。この見解はあなたを不快にさせたようです。これに反駁しようとしてあなたは、獣の魂が人間の魂と本質的に異なっていることが私にはうまく証明できないのだと言っておられます。これに反論する前に、『トレヴー評論』(96)に掲載されたある論説の一節を引用しておきます。それは、問題がどのようなものであるかをはっきりさせてくれるでしょう。

「著者――つまりこの私〔コンディヤック〕のことだ――はいたるところで、自分は生物の〔自然学的〕本性について何も知らないと、そう述べている。……〔しかし〕このことは、獣と人間がその本質において異なっていると、〔コンディヤックが〕そう断言する上で妨げにはなっていない[97]。……だとすれば、なぜこのふたつのことが両立しうるのかが問われるであろう。この点に関する私の考えは以下のとおりである。著者は疑いもなく、〔生物の〕本性や本質に関して、直観による完璧で完全な認識を自分がもっていないことを理解している。だから、こうした本性や本質といったものについては、生物たちの〔外形的な〕働きや能力や連関を通してしか判断できないと、そう彼は考える。つまりそれは、ア・ポステリオリ〔経験的〕に判断し、結果から原因に遡行し、帰結によって原理を発見する、……などと称されるやり方である。だがそうだとすれば、より高い水準における説明ができないという意味でなら、確かに彼がこの点〔＝生物の本質〕に関して無知だということは間違ってはいないにせよ、しかし〔経験的な認識の水準においてなら〕何ごとかを知っていると言ってもよいような、ある種の認識を彼ももっているのである」（『トレヴー評論』一七五五年一二月号、二九二二頁）。

　リニャック様。私が自分自身と矛盾したことを言ったということになるのは、このような評論の寄稿家の匙加減次第だということがおわかりでしょう。しかし、この寄稿家のやり方は、まことにご立派という他ありません。彼が、あるひとつの学説全体を一挙に把握しようとする一方、ひとつひとつの言葉の前で立ち止まろうとはしない、そういう精神の持ち主であることは明らかです。この学識ある寄稿家は、私の書いたことのあれこれを削除した上で、書かなかったことを補充してその埋め合わせまでしてくれているのです。私としては謹《つつし》んでこれを受け入れ、彼に対する感謝の念を表する機会をここに与えられたことを喜ぶばかりです[98]。

リニャック様。あなたは獣と人間との差異を、原理的な考察において示してみよと、そう私に要求されるのでしょうか。それは不可能な要求です。それともあなたは、様々な諸結果から原因に遡るなかで、あるいは、様々な諸帰結においてこの原理を探求するなかで、この差異を証明してみよと、そう要求されているのですか。そのことであれば、私はそれをなしとげたつもりです。しかし、あなたはこう言っておられます。「欲求が大きかろうが小さかろうが、観念を複雑に組み合わせる手段をたくさんもとうが少なくもとうが、人間の身体であろうが動物の身体であろうが、これらのことは精神の本性から見れば全て偶然的なものであるにすぎない。著者もまた、私のこの見解に賛成してくれるだろう」、と。しかし、あなたがここで「偶然的〔accidentel〕」という言葉で表そうとされている観念がどういうものであるかについて、私が十分に理解したという自信はありません。いずれにせよ、私が同意できることは、〔人間にせよ、獣にせよ、〕精神の本性と、彼らの欲求や、観念を複雑に組みあわせる手段とのあいだには、本質的な関連がないように思われる、ということです。しかし本質的な関連ではなくても、少なくとも、合致〔convenance〕という関連はあります。神が二つの実体〔＝精神と物体・身体〕を結合したというのは、理由のないことではなく、ましてや、合理的根拠に反することでもありません。おそらく神は、この両者それぞれの本性を調べ、考量しているのです。神は、我々人間のもつあらゆる能力を本性的に獲得しうるような魂だけを、獣の身体に与えるなどということをしないでしょうし、逆に、人間の身体をきっかけ〔＝機会原因〕として発展しうる、そうした人間的能力の芽を本質的に全く含んでいないような魂を人間に与えるなどということもしないでしょう[99]。このように、〔人間と獣の〕身体は、本質的に、互いに異なっている以上、彼我の魂もまた、本性によって互いに異なっていると結論しても許されるでしょう。

ここからしかし、あなたがそうなさっているように、痴愚者の魂が、正常者の魂とは本性上異なっているなどと結論してはいけません。あなたは、この問題をめぐって乗り越えるべき難点があると考えておられますが、そのような難点をこしらえて私に押し付けるのはあなたにとって不利なことになるでしょう。あらゆる霊的〔spirituelle〕な実体は、神を認識し賛美する能力を本性的に具えているということをあなたが納得されるならば、正常さを欠いた人の例を出しても、それはあなたに不都合なことを何ひとつ立証するわけではないことが合理的に明らかになるはずです。なぜならば、〔あなたの言うところでは〕「〔痴愚者の存在を通して〕神が語っているのは、神自身の英知によって選び抜かれた話の筋書きであるというよりむしろ、自らの関知しない本性的無秩序である」のですから（第八部、一五二頁）。

リニャック様。もし私が、あなたの気づかなかった〔私のテクストの〕見落としを全て指摘しようとすれば、あまりにも長い話になってしまうでしょう。ですからここではそれはしませんが、もしあなたが〔私の〕『感覚論』を、ここ〔『動物論』〕までの批判の延長線上で批判したいのであれば、これまでのような流儀よりも一層注意深く、それを検討していただきたいと願います。私を論破しようと書いてこられたもののなかであなたが言ったことは全て、私の考えを正確に理解するために必要な配慮をあなたが十分に払っておられないことを証明しているように思われるのです。私は、どの点であなたが誤解されたかを示しましたが、そのことは、私がこれ以上の詳細に立ち入って議論する労を免除してくれているように思われます。しかし、もし私の議論に誤りがあるならそれを正しく論駁するための近道――私はある学説を打ち壊そうとするとき、いつもこの道〔＝方法〕を利用するのですが――をあなたに示さずに、私はこのお手紙を終わりにしたくありません。私が出発点としている、その諸原理を検討することに専念なさって下さい。ただ単に、それが奇妙だとか信じられないとか奇怪だと言っただけで、それを打ち倒せたとは思わないで下さい。それが、誤っているか、少なくとも理解不可能であるということを示して下さい。あなたがそうして下されば、私は誰よりも先に、私自身の見解を放棄するでしょう。しかし、もし私の諸原理が真理であれば、どうぞあなたもその原理を採用して下さい。それが、宗教を揺るがすような危険を何ひとつもたらさないということを理解していただきたく存じます。真理が真理それ自体と矛盾することはありえないでしょう。ですから、正しい原理から誤謬が生まれているように見える場合、それは我々が間違った推論をしているからなのです。あなたが議論の帰結だけに注目して批判をされる限り、あなたは何も解決することなく問題を増やしてしまい、議論の出発点となっている諸原理は手付かずのままに放置されることになります。さらに付け加えて言いましょう。宗教を尊敬しこれを守ろうとしている〔私のような〕人間の著作の中に、あなたは情熱を注いで忌まわしい結論だけを捜し求めておられますが、そうすることによってあなたは、宗教への関心を抱く人々のなかに災《わざわ》いを持ち込んでおられる。一体、私とあなたの間で、どのようなことが問題となっているというのでしょうか。ロックの学説、少なくとも世評では大きな権威を得ているあの見解〔に対する態度〕が問題なのか。もしそうだとしてお尋ねしますが、あなたと私のどちらの方が、これに対してより賢く振舞っているでしょうか。常に一貫しているとは言いがたいこの哲学者のあれこれの原理を手付かずにしておいて、彼の議論が唯物論へと至る道筋を示そうとするあなたの方でしょうか。それとも、――この点はあなたもお認めですが――このイギリス人の哲学を宗教においても保持し、唯物論者たちも誤解しようのない仕方で宗教を説明することを通して、宗教に重要な寄与をなしうると考えるからこそ、かろうじてロックに賛意を表わしている、この私の方でしょうか。私は、〔唯物論を攻撃する〕あなたの熱狂を共にします。しかし、それが啓蒙された熱狂であれば、あなたは危険の存在しないところに危険を見いだすようなことはしないでしょう。ある著作家の人格に対して不正を犯すことなく、その著作に対して不正を犯すということもありうるのだということを、あなたは弁《わきま》えておられるでしょうか。ですからリニャック様、他人の批評をするに際して、あなたがもっと慎重かつ適切に振舞われるように私は望みます。あなたは宗教に対して、あなたが論破しようとしている見解に対して、そして誰よりもあなた自身に対して、慎重かつ適切であらねばならないでしょう。なぜなら、あなたへの高い評価は、この慎重さや適切さに基づいているのですから。

最後に付け加えれば、私はあなたに答えるという義務を果たしたのは、あなたの批判において宗教が問題となっているからという、ただその理由からだけでした。それ以外の論点が問題なのであれば、私とあなたのどちらが正しいかを公衆が判断するのを私は気長に待ったでしょう。もしあなたが私の体系《システム》〔＝説〕の誤りを示して下さるなら、何をおいても先に、私はそれを撤回するでありましょう。しかし、あなたがこれまでのような正確さのない議論を続けられるのであれば、リニャック様、私がそれに対して沈黙を守っても、それをご自分の勝利の証《あかし》だと勝ち誇らないでいただきたいと存じます。

敬具

訳注

※ 底本としたＰＵＦ版の著作集を校訂・編集したジョルジュ・ル・ロワ（Georges Le Roy）の編者注から学んだ箇所には、（LR）と記した。

（1） コンディヤックは、ほぼ一貫して、人間を含む全ての動物を〈animal〉と呼び、この動物の全集合から人間という種を除いた残りの集合を〈bête〉と呼んで区別している。そこでこの訳書では、人間も含む全動物を指す〈animal〉を「動物」、人間以外の動物を指す〈bête〉を「獣」と訳し分けた。昆虫などまでを「獣」と呼ぶのは日本語の語感にそぐわないが、いちいち「人間以外の動物」と訳すのは煩わしいので、このようにした。なお、しばしば引用されるビュフォンの言葉づかいでは、〈animal〉は人間を含まないので、ビュフォンの引用文にでてくる〈animal〉は、必要に応じて「人間以外の動物」などと訳した。

（2） ビュフォン『博物誌』第四巻「人間本性論」冒頭（HN, in - 4° IV, p. 3, Pl, p. 431）。コンディヤックによるビュフォンからの引用は、一七四六年～六七年に順次刊行された全一五巻の初版四つ折版『博物誌』（“*Histoire naturelle, générale et particulière*”）と、一七五〇年以降に刊行された第三版十二折版のページ数でなされている。（実際にコンディヤックが引用しているのは、本書『動物論』の刊行〔一七五五年〕以前に出版されていた巻までで、四つ折版で第四巻、十二折版で第七巻まで。）しかし、これらの初版本などは参照がきわめて難しいので、可能な限り、現在入手しやすいプレイアド版の著作集（Buffon, “*Œuvres*”, préface de Michel Delon, Gallimard, 2007）と頁照合をして、参照できるように努めた。ただし、プレイアド版は膨大な『博物誌』の全部を収めているわけではないので、一部カバーしきれない箇所もある。以下、（HN, in - 4° IV, p. -, in-12 VII, p. -, Pl, p. -）などと指示するのは、順に、『博物誌』（“*Histoire naturelle*”）初版四つ折版の巻と頁、第三版十二折版の巻と頁、プレイアド版著作集の頁である。また、プレイアド版に収められていないが、ＰＵＦから刊行されたフランス哲学大全のビュフォン哲学著作集（“*Œuvres philosophiques de Buffon*”, établi et présenté par Jean Piveteau, Presses Universitaires de France,

1954）には抄録されている箇所もあったので、これについては（PUF, p. -）と表記した。なお、この箇所にはコンディヤックの引用頁の指示がないので、プレイアド版で探し、その頁数と、対応する四つ折版の頁数のみを挙げた。

（3）本書『動物論』が出版されたのは一七五五年である。ここでの説明から推測されるのは、その前年の一七五四年にコンディヤックの『感覚論』が刊行され、そこに自著からの剽窃があるとビュフォンが論難したので、それに抗弁するためにこの『動物論』が書かれた……というような経緯である。しかしビュフォンが『感覚論』を読んだ上でそのような論難をしたのがどこにおいてであるかがこの記述からは判然としない。少なくとも本書で引用されている『博物誌』初版の第四巻までは一七五三年以前の刊行であるからそれではありえないし、第五巻は一七五五年刊行であるから可能性はあるが、それにしても同じ年に出された書物への反論としてこれだけのボリュームをもつ本が即座に書かれたというのもやや不可解である。この問題については、本訳書の底本を編集したジョルジュ・ル・ロワも含め全く言及がないのでこれ以上の推測が立たず、データを挙げておくにとどめる。

（4）『博物誌』のなかでビュフォンが動物と人間についての考えを展開している主なテクスト――ひいては本書でコンディヤックが頻繁にとりあげるテクスト――は以下の通りである。〔1〕動物に関しては、『動物の一般誌』第一〜三章（HN, in - 4° II, p. 1-53, Pl, p. 133-165）、『動物本性論』（HN, in - 4° IV, p. 3-168, Pl, p. 431-495.〔HN, p. 3-110〕）。〔2〕人間に関しては、『人間の自然誌』第一章「人間の本性について」（HN, in - 4° II, p. 429-444, Pl, p. 181-190）、『人間の自然誌――視覚の感官、聴覚の感官、感官一般について』（HN, in - IV° III, p. 305-370, Pl, p. 295-306.〔HN, p. 352-370〕）。（LR）

（5）モリヌークス（Molyneux, William, 1656-1698）アイルランドの法律家・政治家。哲学者ジョン・ロックの友人であり、『新屈折光学』（"*Dioptrica nova*", 1692）の著者でもある。ロックは『人間知性論』の第二版で、彼の提起した問題を「モリヌークス問題」として紹介したが、それは多くの参戦者を得て一八世紀哲学の一大トピックとなった。その問題とは、こうである。「ここにひとりの生まれつきの盲人がいて、今は成人になっている。彼は触覚によって、同じ金属でほぼ同じ大きさの立方体と球体の区別を教えられていて、その各々に触れることによってどちらが立方体でどちらが球体かを言えるようになっているとしよう。さて、テーブルにこの立方体と球体を置いて、この盲人が突然見えるようになったとする。このとき彼は、それらに触れずにただ見るだけで両者を区別できるであろうか」。この架空実験を提起したモリヌークスは、この問いに対して否と答え、ロックもそれを追認している（ロック『人間知性論』第二巻第九章§八）。これに関しては、一七二八年に、イギリスの外科医チェゼルデン（Chezelden, William, 1688-1752）が行った先天盲の開眼手術の結果、モリヌークス／ロック予想の正しさが実証された。しかし、それをめぐって様々な解釈がなされ、論争は複雑に続いた。コンディヤックも、処女作の『人間認識起源論』（一七四六年）第一部第六章でこれを論じている。岩波文庫の拙訳（上巻二二九〜二五一頁）を参照されたい。ただし、この触覚と視覚との関係についてのコンディヤックの考えは、後の『感覚論』において大きく修正されてこの『動物論』に至っている。

（6）ヴォルテール『ニュートン哲学要綱』（Voltaire, "*Elements de la Philosophie de Newton*"）第二部第六〜七章。（LR）この記述だけでは、ヴォルテールがバークリより一歩進んだ点をコンディヤックがどこに見ているのかはよく分からない。これについては、本書の第I部第六章の原注を参照されたい。

（7）コンディヤックの引用箇所指示はないが、ビュフォン『博物誌』第三巻（四つ折版）に収められた『人間の自然誌』のなかの「視覚の感官」を参照のこと（HN, in - 4° III, p. 305-308）。

（8）こうした経緯で、『感覚論摘要』は『動物論』と一緒に発表されたのであるが、その後に編纂されたコンディヤックの著作集・全集では、『感覚論』の付録としてまとめられている。

（9）デカルト『人間論』、『方法叙説』第五部を参照せよ。（LR）

（10）ビュルネ（Burnet, Thomas, 1635-1715）ケンブリッジ・プラトニストに属する哲学者。主著は『大地に関する聖なる理論』、『人間知性論についての考察』。

（11）ビュフォン『博物誌』からの引用頁の指示については訳注3を参照のこと。

（12）反証可能性（falsifiability）に関するポパー（Popper, Karl Raimund, 1902-1994）らの議論を先取りしていて興味深い。

（13）動物は魂（心）のない自動機械であり、痛がっているような振舞いをするだけで痛いと感じる心はないのだというデカルトらの見解は、いかにも不自然に思われるが、この発言からは、そういう動物機械論の見解が、感情抜きの客観的観察から導かれた結論というよりも、そうであってほしいという願望の表明であったのではないかという推測がなりたつ。ここでコンディヤックは、なぜそうであってほしいと願うのかという理由については述べていないが、肉食習慣ゆえに鳥獣を殺す人間として、彼らがただの機械であれば罪悪感を抱かなくてすむから……というのが自然な理解であろう。実際、本書第II部第7章末尾でも、同じようなことがマルブランシュについて語られている。

(14) 反証可能性を拒む神学的形而上学でもなく、いたるところに際限なき証明を求める厳密学でもなく、これらの両極を見据えながらその「中心〔millieu〕」を歩もうとするのが哲学だというコンディヤックの姿勢が綱領的に示されている。

(15) プラトン『国家』第四巻（434C-441C）。魂における理性的部分、欲望的部分、気概的部分の議論を指しているのであろう。

(16) ケネー（Quesnay, François, 1694-1774）は重農派の経済学者であり政治家でもあったが、もともとは外科医であった。

(17) コンディヤック『論理学』第一部第九章参照。(LR)

(18) 以下、しばらくの間、参照頁指示のない引用が続くので正確を期しがたいが、直前に引用されている箇所の周辺では「動物の子が、探し求める栄養物〔＝乳〕の存在とそのありかを告げ知らされるのは、もっぱら嗅覚と味覚——つまり食欲に関わる感官——によってであり……」、「目は、食欲に対してよりも認識により深く関わる感官である」といった議論がなされている（HN, in - 4°IV, p. 35, Pl, p. 450）。嗅覚と味覚が動物的欲求（＝食欲）に深く関連する感官であるとされていること、これに対して認識（対象に対する無関心な態度）に深く関わる感官として視覚があげられていることは確かだが、触覚もこの後者に属するという発言は特定できなかった。また、もしこのように分類するなら、聴覚も後者に属するものとみなされそうであるが、なぜか聴覚への言及は——少なくともコンディヤックの引用には——ない。

(19) HN, in - 4°IV, p. 35, Pl, p. 450.

(20) ここはビュフォンからの直接の引用ではないが、以下のような発言を念頭においているのであろう。「人間においては、卓越さにおいて第一の感官は触覚のそれであり、嗅覚が最後の感官である。これに対して人間以外の動物においては、嗅覚が第一の感官であり、触覚は最後に位置するものである。この違いは、両者の本性に由来する。視覚の感官は、触覚の助けを借りないでは、なんらの確実さももちえないし、認識に寄与することもできない」(HN, in - 4°. IV, p. 31, Pl, p. 448)。古来、食料獲得のような生物的生存に関わる「下等」な感覚として味覚や嗅覚を位置づけ、そうしたものに対して無関心な距離を保ちうる「高等」な感覚として視覚や聴覚を位置づける傾向が広く見られ、触覚は明らかに前者に属するものと——むしろその筆頭格と——捉えられてきたように思われる。この図式に照らすと、嗅覚を最も原初的(獣的)なものとし、触覚を最も知的で人間的なものとする——視覚にレッスンを与える教師役としての触覚——ビュフォンの見解は特異であり、興味深い。四足獣における前脚が、人間では大地から離れて独立の手になったことが、人間における触覚の独自の役割を果たすことになったというのであろう。

(21) 触覚の援助なしでは、視覚は対象をさかさまに、しかも二重に見てしまうはずだというのが、この箇所でのビュフォンの見解である。二重に見るというのは、ふたつの目のそれぞれに、対象のイメージが投射されるからだとされている。なお、ここでのコンディヤックの引用頁指示は少しずれていたので、ビュフォンの初版と照合して修正した(これ以降にも散見されるが、いちいち断らずに修正した)。プレイアド版には収録されていない。

(22) 「自分自身の〈外部〉に色や音や匂いを知覚する(apercevoir hors de lui …)」というのは、本書『動物論』の前年に出版された『感覚論』全体の大きなテーマである。『感覚論』においては、ビュフォンからヒントを得た彫像の思考実験——無感覚の彫像に、まず嗅覚を、次に聴覚、味覚、視覚を……という風に順次感覚能力を与えていって、その彫像がどのような世界風景を獲得していくかを追跡する——が展開されるが、嗅覚から視覚までの四つの感覚は、「それ自体では外的対象に関する判断をしない感覚」に分類されている。たとえば『感覚論』の冒頭、嗅覚だけを与えられた彫像の発する「私は薔薇の匂いだ」という印象的な言葉が象徴するように、嗅覚は自我の「外部」にある世界を示唆せず、自我の内部的変容であると受け止められる。このような「独我論」的な知覚風景のありようは、空間的な外部世界を一挙に把握できそうに思える視覚においても同じように言えるのだということが説得的に語られた後、この彫像を「独我論」的なまどろみから引き剝がす根源的経験として触覚

──「それ自体で外的対象に関する判断をする感覚」──が取り上げられることになる。「目の中」「心の中」にしかなかった視覚的自我の風景は、この触覚的世界とすりあわされ、触覚からのレッスンを受けることを通して、はじめて距離や奥行きをともなう外部世界へと開かれることになる。こうした『感覚論』における触覚重視の姿勢は、もちろんバークリの『視覚新論』からの影響も大きいが、問題は入り組んでいて単純ではない。

(23) 引用された箇所の周辺でビュフォンは、全く異なる二種類の記憶〔mémoire〕を区別し、本来の意味での記憶は観念の想起という内的経験に関わるが、そのような内面性を伴わない単なる脳神経の物質的な振動の再生でしかない「記憶」もあるとした上で、それを「記憶」と呼ぶよりは「レミニサンス〔réminiscence〕」と呼ぶべきだと言っている。あまり適当な訳語が思いつかないので、「レミニサンス」とそのまま表記した。なお、コンディヤックの処女作『人間認識起源論』においてもこの「記憶」と「レミニサンス」の区別は重視されていて、前者が高次の記憶で後者がより原初的な記憶だという点もビュフォンの見方と似ているが、議論全体はかなり異なっている。岩波文庫訳『起源論』上巻の訳注三六を参照されたい。

(24) 訳注22で触れたように、我々がものを見るとき、それが「目の中」「心の中」の単なる色彩や形の乱舞という「自我の変容」ではなく、「魂」の外部世界に属するものとして見えるのは、触覚からのレッスンを受けない純粋視覚データに、習慣化された瞬時の判断が介入するからだというのがコンディヤックの見方である。この見方は、外物をそのようなものとして「見る」という行い自体が判断という魂の高次の働きを前提としているという議論を経て、それゆえ、獣が「見る」のであれば、当然彼らは判断もしている……という議論につながる。デカルトが獣は感じもしないし考えもしないとしたのに対し、ビュフォンは感じはするが考えはしないという立場をとったが──もっとも、その「感じる」というのは内的なクオリアを必要としない物質的な振動にすぎず、その意味ではデカルトの動物論とあまり違わない──、コンディヤックは獣も人間と同じく感じるし、考えもする……という見解をこのように導いている。

もっとも、このような感覚への「気づかれない瞬時の判断の介入」という議論に関して、コンディヤックは処女作の『人間認識起源論』においてはこれを強く拒絶していた。この立場をコンディヤックが捨てたのは、本書の前年に書かれた『感覚論』においてであった。この経緯をめぐっては、視覚・触覚論に関するバークリとコンディヤックとの錯綜した関係がある。

(25) 本書序文と訳注3を参照のこと。

(26) バークリ『視覚新論』、およびヴォルテール『ニュートン哲学要綱』第二部第六〜七章。(LR)

(27) バークリは、純粋視覚では心の中に映ずる色彩の乱舞しか見えず、奥行き距離の知覚にはじまる「心の外」としてものが見えるようになるのは触覚のレッスンを受けてのことだと言う。ただバークリは、「気づかれない判断」の介入のようなものを認めないので、触覚からのレッスンを受けた目なら「自然的に見る」……という立場を取っているとも言える。この周辺でのコンディヤックの議論は、一見「自然的」な視覚の中にも判断が浸透しており、動物に感覚〔視覚〕を認めるならば、当然知性〔判断〕も認めるべきだ……という論点を確保するためになされているので、「自然にものを見る」というような素朴な常識に合致するような表現が、いささか性急に排除されている感がある。ただ、もし以上のような文脈であるとすれば、なぜ感覚への判断の介入をさらに強く主張しているヴォルテールの議論に批判の余地があるとされているのかは理解しづらい。彼らの表現に「自然的にものが見える」というようなニュアンスが部分的に残っていて、その点で批判に値いするというような意味であろうか。しかしそれにしても、この点を正しく批判しているのがビュフォンだ……というのは、この後の叙述と比べてさらに理解しづらい。視覚が触覚からの援助なしでは正しい視覚像を獲得できないという点については、バークリ、ヴォルテール、ビュフォン、コンディヤックはみな意見を共にしており、ただ「正立・倒立」「一重・二重」補正を除いて大きさや形については視覚は触覚の援助を必要としないと考えている点では、ビュフォンが最も、批判されるべき素朴な常識に近いと思われるからだ。要するに、議論の立ち入った内容というよりは、「目が自然的に対象を見ているわけではない」という明示的表現をしている点でビュフォンを評価しているということなのかもしれない。もちろん、それを認めたうえで、なお獣に知性的判断を認めないというビュフォンの不整合を、コンディヤックは批判していくのであるが。

(28) 訳注5参照。

(29) 厳密に言えば、ここはものの倒立視のことを論じているから、ビュフォンに則して言えば、「シチュアシオン」ではなく「ポジシオン」と書くべきところである。

(30) ある対象の「色」は、それを見る生物の種（視覚器官）によって異なるであろうし、それを照らし出す光の波長によっても様々であろうが、どれが「本当の色」であるかというのは無意味である。対象それ自体には光を様々に反射させる物質の微細構造があるばかりで（ロックの一次性質）、色とは、それにある波長の光があたり、一定の波長の光が選択的に反射され、それがある生物の視覚神経を「振動させ」……ることをきっかけにしてその生物の魂に生じるある性質（二次性質）であるにすぎない。対象の上に色がないというのは、おおむね以上のようなことであろう。

(31) 機会原因〔cause occasionnelle〕 デカルトにおける二実体の相互作用という奇妙な議論——なぜそれぞれ独立した実体である魂と物体（身体）とが相互に影響しあえるのか——を解決すべく、マルブランシュ（Malebranche, Nicolas, 1638-1715）らによって提案された概念。神経や脳の「振動」が直接的作用因となって「赤い色」のイメージという心のクオリアが結果するのではなく、あくまでも物質的な原因・結果系列と、心的な系列とは互いに独立であり、互いの影響関係に見えるものは、ただの「きっかけ」であるにすぎない。機会原因とは、このきっかけのことである。コンディヤックは様々な場所で機会原因を引き合いに出して議論を進めるが、どこまで内在的な意味で使っているかは微妙であり、マルブランシュとコンディヤックとの関係も複雑である。

(32) 再度まとめておくと、ビュフォンは、視覚だけでも空間認知は可能であるが、二重視と倒立視という誤りは犯すので、これを正すために触覚が必要だ……と主張する。これに対しコンディヤックは、純粋視覚は空間認知自体ができないので、そもそも上下倒立や二重視に視覚が陥るはずもないと言う。触覚のレッスンを受けてはじめて、上下などが発生し、触覚的上下関係と対応した視覚的上下も成立する……と主張している。視覚には触覚のレッスンが不可欠だという点は両者とも同じ意見であるが、触覚の根源的役割の強調においては、コンディヤックの方が顕著である。

(33) ここで想定されているのが、瞬間的な音の中にも様々な振動数の音——倍音など——が同時に鳴っているのに、我々の習慣付けられた耳には一音に聞こえてしまう、という話なのか、ある時間幅をもって反復される同じ波形の音が、実際には微分的に短い音の継起であるのにそうは聞こえない——アニメ映画のコマ割りが単位時間あたり一定の数を越えるとデジタル変化が見えなくなってなめらかになるように——という話であるのか、ここだけではよく分からないが、ビュフォンの議論自体は後者であり、またこれ以降のコンディヤックの議論もそういう理解で進められている。

(34) この前後、コンディヤックのビュフォン批判は、やや目的を逸しているようにもみえる。ビュフォンの主張の要点は、二重視や倒立視の場合も、複数音の単音化の場合も、解剖学的な神経振動と、我々の実際の見え方・聞え方との間には落差があること、そして、ただ見たり聞いたりすればよいと誤解されている一見単純な感覚の中にも、習慣化された瞬間的な判断補正が働いている……という点にある。初期のコンディヤックは、こうした「気づかれない判断」の混入論を厳しく退けていたが、『感覚論』では、積極的にこれを認める立場に転向し、『動物論』でもそれが強調されている。ここでのコンディヤックの戦略は、見たり聞いたりという「原初的」な感覚レベルでも、魂は判断をはじめとする魂の高次機能を使っていること。ところで獣は感じること。それゆえ、獣たちにも人間と同じような魂の高次機能があること……を立証することである。だとすれば、ここでのビュフォンの議論は、個々の立論では誤りがありうるにしても、全体としてはコンディヤックにとって有利な議論になるはずだ。なぜなら、感覚自体が判断という高次機能に媒介されているという議論は、ただ感覚的な存在だとみられていた獣と、感覚以上のものがあると見なされていた人間との垣根を下げる働きをするからだ。コンディヤックのビュフォン批判はそれゆえ、ビュフォンが事実上では獣の精神的機能を認めていながら、その結論だけを回避するという首尾一貫性の欠如に向けられるべきで、前段（感覚の精神化＝裸の感覚器官の無力さ）の議論それ自体には向けられるべきでないように思われる。ただビュフォンとは異なり、コンディヤックにおいては解剖学に依拠して何ごとかを述べるという態度が一貫して避けられており、一種の現象学的な構え――魂の内観的記述――を維持する姿勢は終生変わらなかったので、こうしたことが議論のすれ違いにつながっているのかもしれない。いずれにせよ、視覚論・聴覚論などの個別的な主張や論戦はそれとして検討されるに値いするが、動物論における議論の大きな筋道を見失わないようにすべきであろう。

(35) ここに言う「形而上学者たちの欠陥〔défaut des métaphysiciens〕」が何を指すのかは分かりづらく、全体として文意が摑みにくい。「形而上学者たち」を、ビュフォンやコンディヤックらいわゆる哲学者のこととは解しがたいので、複数の単音を聞いているはずのピュアな感覚をひとつの音と聞いてしまう、習慣によって歪められた聞こえ方——これはビュフォンの捉え方であるが——と解した。「半覚半睡」状態が、こうした歪んだ聞こえ方をさせる「習慣」から人を引き剝がすのだとすれば、引き剝がされる当の習慣はそこにもあることになる。しかし、その状態で見られる「夢」には、ビュフォンの考えでは「いかなる種類の観念もない」のであって、だとすれば、そこにいかなる種類の習慣もありえないであろう……という背理法でコンディヤックはビュフォンを追い詰めているのである。ただし〈défaut des métaphysiciens〉を「形而上学者の不在」と解して、ビュフォンの考えでは「半覚半睡」の状態にはピュアな感覚が目覚めていることになるが……という風に逆に読むことも可能かもしれない。ただし、この解釈ではその後の文がやや理解しにくい。

(36) 本書第Ⅰ部第五章の最終段落参照。

(37) ル・ロワの編者注によれば、こうした人間の場面設定の記述は、しばしば、『感覚論』における彫像のそれと対比されてきたという。たとえばグリムは、「ビュフォン氏の彫像を冷水の入った樽に沈めて溺死させた」廉《かど》でコンディヤックを非難している。(『文芸通信』一七五五年一一月一日号。トゥルヌー版第三巻一一二頁)(LR)。いずれにせよ、この彫像の思考実験は一七四九年に出たビュフォンの『博物誌』の四つ折本第三巻において展開されており、コンディヤックが一七五四年に出した『感覚論』でそれに触れていないとすれば、「無断借用」の非難を全く免れるとは言えない。もっとも、それは設定のアイデアだけで、議論の内容は同じではないが。

(38) この純粋視覚で世界をはじめて見る思考実験の人間が「全てを自分の内部に見ることを理解しがたい人もいるだろう」……というコンディヤックの発言は、もちろん、だからそんな理解しがたいことは誤りだ……という意味ではない。それこそ、コンディヤックの『感覚論』『動物論』を貫く主張であるのだから。ここでのビュフォン批判は、その前後のやや細かい議論に向けられている。

(39) ビュフォンの原文では、「彼が何の興奮もなく見、何の動揺もなく聞くことができるようになるのは、このようにしてなのだ」という文章は、この箇所ではなく、この次の「涼しさを感じさせるかすかな風が吹き、彼によい香りを運んでくる」という箇所にかかっていて、コンディヤックの引用はずれている。

(40) 触覚の特異性は、他の感覚と異なり、私の身体が私の身体に触れるという感覚の二重性を有することである。つまり、私の手が私の身体に触れるとき、触れる手は何かを感じるが、触れられる方の身体も、手とつながったひとつの身体として何かを（手を）感じ取る。こういう（感じ・感じ返される二重的）経験は、自分の身体以外の対象に触れた場合には生じないので、この差異に基づいて、私の身体と私の身体以外の物体とは根本的に違う対象として区別されることになる。この論点は、コンディヤック『感覚論』の核心的な主張のひとつにつながるが、そのオリジナルがビュフォンであることは明らかである。

(41) 訳注34で触れたこととも重なるが、この周辺のビュフォン批判にもやや混乱があるように思われる。ここでは、ビュフォンの思考実験に即して、触覚や運動をもたない視覚的存在にとっての世界の現われ方と、それが自己接触（自分の手で自分の身体に触るという二重経験）を通してどのように変容するかが紹介され、批判されている。ビュフォンの思考実験によれば、触覚を持たない人間には、自分の身体とそれ以外の対象との区別はなく、全てが自分〔の身体〕であるように見えている。しかも、私と世界との区別もないので、全てが私の中〔外部観察者からみれば「網膜の中」〕にあるかのように、見えている。ビュフォンが、その段階では彼の身体は広大無辺なものとして彼に映じている……と言うのは、彼の身体とそれを取り囲む世界全てが「彼の身体」であると見た上での発言であるようにも受け取れる。そう受け取れば、コンディヤックが批判するほどの瑕疵が、ビュフォンにあるとは思われないのである。もちろん、たとえば「世界＝自分の身体＝広大無辺」という話と、「世界＝目の中＝点」という話が混在していたりするなど、ビュフォンの方にも混乱を誘う表現がないわけではない。しかしこの周辺は、そうしたビュフォンの細かい矛盾を暴《あば》き立て、ビュフォンの議論に身を預けながら話をすすめているために、コンディヤック自身の話の筋が見えにくくなっているきらいもある。結論だけを言うと、この自己接触経験も含め、『感覚論』におけるコンディヤックの彫像の思考実験におけるかなり核心的なアイデアがビュフォンにあることは否定しにくい。それだけに、無断借用疑惑をはらすためのビュフォン批判がいささか上滑りになったと解することもできよう。ただ、最も肝心なのは、訳注の34で述べた、コンディヤックとビュフォンの根本的な姿勢の差であって、その大きな筋道を忘れないようにしたい。

(42) 原文は〈comment pouraient-elles de pas se répandre?〉であるが、意味が通らない。〈de〉は〈ne〉の誤記であろう。一八二一年版のコンディヤック全集を復刻したスラトキン社のリプリント版では、〈ne〉と正されている。

(43) 以下、「あなた〔vous〕」という複数二人称〔ないしは敬称単数二人称〕への呼びかけ文、もしくは二人称を主語とする文章が続く。これを、読者一般への呼びかけと解すべきか、ビュフォンその人への挑戦的な呼びかけと解すべきかは微妙である。しかし、これ以降数段落に関してはビュフォンの発言を思わせるラフな引用——頁指示なし——が続くが、後半は一転してそれと鋭く対立する発言——コンディヤックが支持する発言——が続くので、全体としては「あなたがたはAのようにも言いうるだろうが、反対にBのようにも言いうるだろう……」という仮想読者への呼びかけと解して訳した。なお、この箇所の直前には哲学者の文体が取り上げられ、美文批判がなされているが、ビュフォンは「文は人なり」というその言葉が有名なように、希代の名文家として知られていた。

(44)〈sentiment〉は現在ではもっぱら喜怒哀楽の「感情」という意味であるが、もともとは「感じる〔sentir〕」という動詞の名詞形で、一八世紀においては色・音・味などの外的感覚を指す〈sensation〉とあまり違わない意味でも使用される。コンディヤックのこの語の用法も、こうした広いものである。ビュフォンはしかし、〈sentiment〉をもっぱら狭義の「感情」(快苦感情)という意味で使っている。

(45)コンディヤックは、動物の諸能力を、彼が『感覚論』において人間の諸能力を説明するときに駆使した諸原理に従って説明する。全ては感覚的な諸印象と、快不快を伴う感情的な性格を帯びる感覚的な諸印象から引き出される。(LR)

(46)「魂が身体の中でしか感じられなくなった後では」というのは、ここでは個体における習慣形成の話であるが、より大きな枠組みの話とすれば、アダムの原罪の神学とも関係している可能性がある。『人間認識起源論』には、次のような議論がなされている。「原罪のせいで、魂はあまりにも身体〔=物体〕に依存するようになったのであるが、そのために哲学者たちは、このふたつの実体を混同してしまった」(第一部第一章第一節§八)。コンディヤックの中には、デカルト的な二元論とマルブランシュを思わせる機会原因論がみられるが、マルブランシュが一切を「神の中で」眺めるのに対し、コンディヤックは身体のうちで感じられる魂の感覚と欲求のうちに眺めようとする。そして、この「身体のなかの魂」という逆説的な事態は、アダムの原罪によって——少なくとも表向きには——説明されるのである。

(47)観念の系列と、それに対応する運動の系列が、ともに欲求(必要)という同じものによって生み出される(プロデュースされる）……というのは、マルブランシュの心身並行説・機会原因論の世俗版のように見える。マルブランシュが「神」に託した働きを、コンディヤックは「欲求」に託している。しかしよく考えると、このふたつの実体に作用を及ぼす欲求は、それぞれ、精神的欲求と身体的欲求のように分裂しないのだろうか。このあたりは、十分に語られてはいない。

(48) 様々な観念の諸セット（suites d'idées）とは、たとえば「リンゴ」とか「木」（ないしは「森」）、あるいは「ヘビ」といった実体の複合観念のことを意味していると、とりあえずは解することができる。「リンゴ」は、さらに「赤い」「甘い」などの諸観念に分解できるが、常にある属性がまとまって現われる場合、それが「リンゴ」という観念のセットとしてとりまとめられるわけである。これらの諸セットがさらに相互に結びつくというのは、たとえば「リンゴ」という観念が、かつてそれを見つけたことのある「森」という観念と結びついたり、さらにそこに潜んでいた恐ろしい「ヘビ」の観念と結びついたりしていくありさまを指すのであろう。（『人間認識起源論』第一部第二章第三節参照。）「いくつかの観念は、全ての諸セットに共通のものであるはず」だというのは、やや意味が分かりにくいが、たとえば「延長」の観念が全ての実体に共通だというようなことを指しているのであろうか。

(49) なお、前の注でも触れた『人間認識起源論』の拙訳では、思うところがあって〈liaison des idées〉を「観念結合」と訳したが、ここでは広く使われている訳にのっとって「観念連合」と訳すことにする。

(50) 感覚の教育といっても、この水準の「教育」は、そのプログラムが先天的にセットされているような自己教育過程と考えられている。

(51) デカルト主義者たちは、獣を魂のない機械と考え、思考はもちろん感情（感覚）すらもないと考える。この点に関して、コンディヤックは、ビュフォンが動物を魂のない機械——しかし感情はもつというのが折衷的で一層分かりにくくなるのだが——とみなすことをデカルト主義者と同じだと批判した上で、さらにビュフォンは、人間の女性や子供はその動物以下の存在として描写していることを取り上げて、その点ではデカルト主義の方がまだまともだと皮肉っているのであろう。

(52) これは、動物学者ユクスキュル（Uexküll, Jakob Johann, 1864-1944）の「環境世界〔Umwelt〕」の先駆的な表現である。

(53) 動物たちが互いに異なっていて、その差異に応じて互いの伝えあいの度合いが変化するという話であるが、ここにいう動物たちというのが、たとえば蝿と蝿〔同種間〕のことを言っているのか、蝿と牛〔異種間〕のことを言っているのかわかりにくい。ここでの話はさしあたり、異種間の話であろうが、これに続く議論は同種間での話になっているように思える。

(54) 〈l'esprit qui l(= l'organisation)'anime〉 この「エスプリ」は、生理学者たちのいう「動物精気〔esprits animaux〕」といった解剖学的概念〔現代風に言い直せば「微細な神経伝達物質」〕としても解釈しうるが、単数形でもあるので、普通に非物質的な精神として訳す。

(55) この本性(nature)が自然科学的な本性を指すのか神学的形而上学的な本性を指すのかは微妙であるが、ここではさしあたり前者で解する。

(56) この断定は、ややとってつけたようで説得力がない。本性は分からないから議論せず、目に見える働きの話しかしないというのであれば、本質的な差があるかどうかということも分からないはずだからである。現象的には程度の差であるからといって、本性的にも程度の差だとは必ずしも言えない……というのは正しいが、本性的には程度の差でないという結論までは導けないであろう。コンディヤックには、カトリックの司祭としての立場上、神学的正統を表向きは守ろうとする身振りが処々にみられるが、それが彼の理論的中核にまで達する議論なのか、それとも社交的挨拶のようなものであるのかは、常に注意されるべきである。

(57) コンディヤックは、デカルトのそれよりも微妙な概念を定義しようと努めている。デカルトは動物に言語を認めず、人間と動物の間に切断を持ち込んだ(『方法叙説』第五部)。コンディヤックは、デカルトよりモンテーニュ寄りの立場に立ち(「レイモン・スボンの弁護」『エセー』第二部一二節参照)、低次形態の言語を動物にも認めている。だが、言葉と反省的な思考という能力については否定し、動物から人間への一種の進歩を認めてもいる。(LR)

(58) たとえば我々人間は、水平距離を見慣れているが垂直距離は見慣れていないので、高いところから下を見下ろすと、同じ水平距離と比べて遠く感じる。このようなことは、当然人間以外の動物にもあるはずで、彼らが自分の通常の環境とは異なる環境に置かれたとき不適切な行動をとることは容易に理解される。見るとか聞くということさえ、先天的な能力の発露ではなく、一定の訓練や習慣によるという論点は、『人間認識起源論』や『感覚論』などでもしばしば言及されている。コンディヤックの用語法では、本能は単なる先天的なものではなく、一定の習慣の刷り込みによって無反省になされるにいたった自動的行動パターンである。この点、いわゆる本能という言葉から連想されるものとは異なっているので注意されたい。これによれば、見る聞くという行動も、先天的ではなく一定の習慣の結果できあがったものであるが、本能でもある。そして、本能であるけれど、間違うこともありうる。コンディヤックは、この周辺では本能については獣を中心に議論し、人間については理性を中心に議論するが、この後に、人間にも本能があることを論じていく。

(59) 「ふたつの感じ方」を、共同体Aと共同体Bの感じ方と解したが、自然的な感じ方と文化的な感じ方という意味でとることもできるかもしれない。

(60) ル・ロワの注釈では、いくつかの疑義が呈されているが、現在ではこの論文は、一七四八年にベルリン王立アカデミーに提出された『モナドに関する研究——王立科学・文芸アカデミー受賞論文』として知られているものだと思われる。このライプニッツ研究によってコンディヤックは、フォントネルとともに一七五二年、同アカデミー会員に推挙された。

(61) これは、神の存在に関するデカルト的な証明の仄《ほの》めかしである。その証明においては、神というひとつの観念の考察に全ての議論が支えられている。というのも、スコラ哲学とは異なり、デカルトにとっては、認識〔観念〕から存在を導く推論帰結は正当なものであったからだ(第七答弁、アダム・タンヌリ版全集第七巻五二〇頁)。(LR)

(62) 複合観念(idée complex)は単純観念の対概念で、ジョン・ロック(『人間知性論』第二巻第二章)に由来する。言葉で定義することのできない、つまりそれ以上分解することのできない要素的な単純観念がいくつか組み合わさってできる観念。コンディヤックは、『人間認識起源論』の第一部第三章で、複合観念を実体(substance)の観念と原型的観念(idée archétype)とに分けて詳述している。大雑把に言えば、前者は砂糖やリンゴといった物体のことであり、砂糖は白い、甘い、ざらざら……といったいくつかの単純観念のまとまりという意味で複合観念である。後者は「正義」「喜劇」のような非物質的な概念であるが、やはり「所有」「権利」「侵害」「平民」「笑い」「ハッピーエンド」といったより要素的な諸観念のモザイクという意味で、複合観念である。ロックにおいてこれは、「混合様相〔mixed mode〕」と呼ばれていたものに近い。

(63) 無神論者を先天盲になぞらえて批判するロジックであるが、批判の対象となっているこの盲人の主張はいささか理解しにくい。言葉を補って理解すると、以下のようであろうか。「盲人は光の世界を知らず、それが何かの欠如だとも思っていない。これに対し晴眼者は光の世界も光が欠如した世界も両方了解しうる。だから、晴眼者の感覚世界の方が盲人のそれよりも卓越しており、盲人のそれは欠如したものである」……。これが晴眼者（信仰者）の言い分であろう。しかし、先天盲（無神論者）に言わせれば、自分たちは己に何かが欠如しているとは感じていない。だから、この地平を全ての人が共有しているような世界を想像すれば、それはそれで充足した世界になるはずである。そもそも、自分たち盲人を欠如態と貶《おとし》めて自らを誇る晴眼者も、さらに高次の能力を具えた存在者から見れば欠如態であるはずだが、そのようには自らを感じていないであろう。要するに、自らを充足した存在とみなし、他をそこからの欠如態と捉える態度には根拠がないのだ……。これは、モンテーニュの『エセー』第一二章「レイモン・スボンの弁護」で展開された感覚的世界の相対性の議論にも近い。ここではこういった議論を、コンディヤックはいささか独断論的な仕方で――読者が晴眼者の言い分に納得するであろうことをあてにしつつ――退けるが、盲人の議論が無神論者の同型の議論と同じように退けられうるかは微妙である。

(64) 「全く感覚のない存在者がいかにして感覚をもちはじめたかということを理解している者は一人もいない」という議論は、「いかにしてかは理解はできないが、全く感覚のない存在者がいつの時点かで感覚をもちはじめた」ということを認めているように思われ、興味深い。この「感覚をもちはじめる」瞬間は、さしあたりは個体発生上の、生殖の瞬間――ないしは胎児期のある時点――を指すのであろうが、進化生物学的な系統発生の議論とも受け取ることができる。もちろんコンディヤックには――ビュフォンにはその萌芽が見られるという――進化論的な発想は、少なくとも表向きには現われないが、『動物論』においては、人間と他の動物との連続性が強調されており、その強調はビュフォンよりもはるかに強いので、ことがらは複雑である。

(65) エピクロス（Epikuros, 紀元前 314?-270）デモクリトスやレウキッポスら古代原子論者の流れを汲む哲学者。その穏やかな快楽主義と感覚論的唯物論は、後にガッサンディらを経て、近代の唯物論者や無神論者の主張に大きな影響を与えたとされる。

(66) コンディヤックの正統神学的な議論は、必ずしも額面どおりに受け取るべきでない箇所もあるが、この目的論的で自然神学的な議論は素直にコンディヤックのものとみなしてよいように思われる。生物学的な知見は、神なしで成立する機械論的な宇宙にもつながりうるが、それ以上に、巧みな神の美しい業《わざ》の直観へと人々を導いた。

(67) きわめて主知主義的な自由論である。まとめれば、自由であるとは、(一) なすべきことについての知識を有していること。(二) その知識に基づいてなすべきことを選択するように意志を定められること、(三) その意志を実現できること……ということになる。(一) はあるが (二) (三) が欠けているとか、(一) (二) はあるが (三) が欠けているといった状態も自由とは言えないが、(一) がなければそもそも話にならないのである。コンディヤックにおいては、意志と欲望は対立して捉えられないので、(三) で言われる「欲する〔vouloir〕ところ」とは (二) で言われた「意志〔volonté〕」と同じものであると解した。なお、「なすべきことやなすべきでないことについての知識」と言うとき、その「なすべき」が自己利益の最大化計算のことなのか、それとも自己利益を超える道徳的要請のことなのかは重要な論点になるので注目したい。

(68) 以上、いささか異様な世界観にみえるが、ライプニッツの予定調和論やマルブランシュの機会原因論との関連で理解すべきであるのかもしれない。(一) 神は現象世界の時間秩序の外に存在する。(二) この意味で神は永遠であり、無時間的であり、そのなかで現象世界を創造した。(三) 創造された現象世界は、しかし時間的秩序のなかで継起するほかない。(四) 現象世界においては、因果的連関が存在するようにみえる。(五) しかし、個々の存在者は、それぞれが神の作品であり、神のシナリオによって生成消滅するようにセットされている。(六) それゆえ、個々の存在者の原因は、世界現象の中にある他の存在者ではない。たとえば、私の存在の原因が、私の両親や、私の環境にあると考えるのは誤りである。それらは「機会原因」であるにすぎない。……以上のようにまとめられようか。

(69) 当時の、『聖書』の記述に基づく標準的なキリスト教神学の宇宙論によれば、世界の年齢はせいぜい数万年であったから、自然学的にみて挑戦的な発言にみえるが、ここで論じられているのはそういう話ではない。『感覚論』の該当箇所では、この地球がどんぐりのような小さな球であるとすれば、そして我々の計測する一日の間に星空が千度回転するとすれば……といった思考実験がなされており、生物の時間意識の主観性・相対性が論じられている。

(70) ル・ロワは、ここでの神義論がコンディヤックの時代において正統派であった考えや議論を展開したものでしかないと注記している（LR）。コンディヤックの神学的議論がどれくらい彼の中核的思想をなしているかは注意すべきであり、この注記は、ここでの議論は割り引いて理解すべきだと示唆している。適切な示唆に思える。

(71) コンディヤックの神は、ここまでの記述を見る限り、形而上学的な神、自然神学的な神であるが、なぜその神が道徳的な神であるのかは必ずしも明瞭でない。無神論者も、コンディヤックの言うような神ならば認めるかもしれないが、それが道徳的な神であることは否定するだろう。神が知性をもつことは、世界のデザインをしたということであって、この点でもランダムな力だけを主張する無神論者とは異なるが、そのデザインが道徳的な――勧善懲悪的な――ものになっているかは、さらに立ち入った議論が必要とされるであろう。これが次の章以下の道徳論に受け継がれ、道徳とはそもそも何かという問題がとりあげられることになる。

(72) 法の成立は、自然必然性として捉えられている。道徳的命令は、自己利益のための社会成立を前提とする仮言命法（「……したいなら……せよ」）であって、カント的に言えば「怜悧の原則」であることに注意したい。

(73) きわめて主知主義的な神の解釈をも許す議論である。法は人間の存在以前からあったのはもちろん、神の存在以前からもあったようにすら思える。つまり、神が法を主意主義的に決定したのではなく、すでに存在する理性的な法に耳を傾けながら――瞬時にではあるが――法を作ったかのように。

(74) 善人と悪人がこの世で正しく裁かれないので来世が要請され、来世が要請されるので肉体の死後における魂の不死が要請されるというのは、あくまでも要請であって事実の証明とは言いにくいが、この種の議論としては標準的なものなのであろう。

(75) このように、人間と獣の質的な断絶を語ることがコンディヤックの本意であるとは、額面どおりには受け取れない。なぜなら、この断絶は、もしかりに我々が全てを洞察できればという反実仮想の条件法の帰結として語られているのであり、実際にはそのような差異は見いだせないというのが彼の主張だからだ。もちろん、人間だけが道徳的な世界に存在しているというのは観察可能な主張であると考えられる。そして、道徳的な存在者たちが、現実の世界では正当に報われていないという、やはり観察可能な主張から、だからあの世があって、正義がそこで成就されるべきだ……という要請があり、そこから人間だけは不滅の魂を有するという推論が導かれている。これを見ると、自然学的には人間と獣との魂には差異が見られないが、道徳的に考えれば、差異がなければおかしい……という論理なのであろう。コンディヤックとカトリック正統性との関係は、いつも微妙である。

(76) ここでも、ル・ロワは「こうした議論は、コンディヤックの時代においてはきわめてありふれた、伝統的なものであった」という注記をしており、コンディヤックにとって核心的な議論ではなかったと仄めかしている。(LR)

(77) この「愛における肉体的なものと精神的なもの」に関するビュフォンのいささか犬儒者風の言い方については、ルソーも響きあうような発言をしている。「愛の感情における精神的なものと肉体的なものをはじめに区別しておこう。肉体的なものとは、一方の性を他方の性へと結びつかせようとさせるあの一般的な欲望〔＝性欲〕のことである。精神的なものとは、この〔相手を選ばない〕一般的な欲望を限定し、その欲望をただひとりの排他的対象に固定し、あるいは、少なくともこの選ばれた対象への欲望に大きなエネルギーを注ぎ込もうとするものである。この、愛における精神的なものが、まがいものの感情〔不自然な人工的感情＝sentiment factice〕……であることは容易に見て取れる」(『人間不平等起源論』第一部終結部。プレイアド版ルソー全集第三巻一五七－八頁。岩波文庫訳七七頁。)ルソーは、三角関係の嫉妬に燃える殺人のような激しい性愛は、複雑な社会制度の段階ではじめて生じたのであり、「価値や美の観念」や、それを生み出す比較という精神的能力をもたない未開人(自然人)の性愛(つまり愛における肉体的なもの)は穏やかで争いの種にならないものであったとしている。プレイアド版の注釈者は、ここにビュフォンの当該箇所への参照を指示している。

(78) たとえば、死んでしまった我が子に悲嘆するあまり、生き残った我が子を愛することもままならなくなる……というようなことか。獣の場合、対象の喪失は直ちにそのものに関する観念の消滅を意味するので、このようなことがない、とされていた。

(79) 人間の場合には〈habitude〉を「習慣」と訳して問題ないが、獣の場合には「習性」と訳した方が語感として自然であるかもしれない。なぜなら獣の〈habitude〉は定型的であり、人間のそれのような多様性を欠いているからである。しかし、それでさえやはり一定の反省・学習を通して獲得されたものだという点を――獲得されたあとは無意識的で機械的な自動運動と化すにしても――明瞭にするためには、やはり「習慣」で統一した方がよいように思われた。

(80) 獣においては対外的な葛藤が少ないから内部的な葛藤も少ないというのは面白いロジックだが、獣たちが人間に比して互いに争いあわないというのはこれまで触れられてこなかった論点である。社会性昆虫(ハチやアリなどの膜翅目)のように、「没我的」に協力しあう動物の場合はともかく、高等哺乳類までを含む議論をすれば、微妙な問題であろう。動物行動学において、コンラート・ローレンツ(Lorenz, Konrad Zacharias, 1903-1989)らの群淘汰パラダイム(進化の淘汰圧は、エゴイスティックな闘争・競争をする個体を単位にかかるのではなく、協力しあう群を単位にかかるのだ……という見方)が優勢であった頃は、こうした考え方が強く支持されることになったが、現在ではもっと複雑な議論がなされている。

(81) 情念、観念連合によってひとたび習慣が形成されれば、いちいち理性が登場する出番はなくなる。しかし、獣の単純な習慣とは違い、欲求の複雑さに応じて複雑になる人間の習慣はたえず新しい再編成を余儀なくされるので、理性の考量が常に要請されることになる。欲求→習慣形成(観念連合)→理性的考量(習慣の破壊と再編)というのがコンディヤックのロジックである。

(82) コンディヤック『教程――パルマ公王子教育のための』第四巻、一七七五年。

(83) 道徳上の微妙な問題が登場するところで突然「法律」とその解釈者たる「賢者」が出てくるのはいささか唐突でもあり、またやや筋違いの感もあるが、道徳と法とを峻別するような問題意識はコンディヤックにおいては――少なくとも本書においては――まだ現われてはいないのであろう。

(84) コンディヤック自身、極度の近視のために、子供時代に文字を読むことができず、知恵遅れだと家族から思われていたという。コンディヤックの長兄の家で家庭教師をしたことのあるルソーにも、これに関する言及がある。(『エミール』第二編。プレイアド版ルソー全集第一巻三四三頁。岩波文庫版上巻一六一頁。)

(85) 『感覚論』第一部第二―三章。(LR)

(86)『感覚論』第一部第七章§二参照(LR)。ここからも明らかなように、コンディヤックは、意志を「魂の純粋能動」と捉え、それを「魂の受動〔passion de l'âme〕」たる感覚・情念と二元論的に対立させて理解するデカルトとは対立する。あくまでもコンディヤックは、広義の感覚という受動性のふたつの様態として、意志＝感情と、知性＝感覚の二系列を捉えようとするのである。

(87)クインティリアヌス〔Marcus Fabius Quintilianus〕三五―九五年頃。古代ローマの修辞学者。主著『弁論術教程』。

(88)標準的なラテン語の辞書では、sensa (f) には考えとか意見という意味しかなく、感覚という意味はないが――その場合は sensus (m) ――コンディヤックはやや強引に sentire → sensa の語源関係に固執している。

(89)ふたたび標準的なラテン語の辞書によれば、sensus には感覚だけではなく、理性、思考、判断、意見といった、sensa と同じ意味もたくさんある。sensa には思考・意見という意味しかないが、sensus にはきわめて多義的な意味があるから、sensus の方が sensa よりも古い時代に成立した言葉であるようにも思われるが、それはとりあえず措く。

(90)本書第Ⅱ部第3章参照。「同じ鋳型〔même moule〕」という表現は、現代の遺伝子構造を連想させて興味深い。

(91)ル・ロワは、このあたりに関してリニャック神父の『あるアメリカ人への手紙』の序言を参照のことと注記しているが、今回は照合ができなかった。

(92)この文章は『動物論』からの引用ではない。あるいは『感覚論』からのものであろうか。リニャックのテクストと照合することができないので、この後の部分も含めて対応関係を明らかにすることはできないが、正確な引用と文脈的な読解を要求するコンディヤックの意図だけは理解できる。

(93)原文では、「私」と「あなた」という主語が入れ替わっているが、そうだとすると意味が通らないので、直接話法のかたちをとりつつ中身は間接話法であると解して訳した。全体に、本書簡の中ではそういう箇所が多く見られる。

(94)リニャックがマルブランシュの影響下にあることを考慮すると、マルブランシュの「叡知的延長〔étendue intelligible〕」のようなことを考えているとも考えられる。

（95）編者のル・ロワは、本書の第Ⅱ部第４章と注記しているが、そこにこのとおりの文章は存在しない。そこでの議論は、基本的にオウムが文節音言語を喋れるにもかかわらずその意味が理解できないという話であり、人間の身振りを見ても理解できないという話も出てはくるが、その理由はここで言うようなものではない。要するに、コンディヤック自身の自著引用であるにもかかわらず、これと同じ表現と内容は出てこない。あるいは、リニャックがこのような形で歪《ゆが》めて引用したのを、コンディヤックは自著と照合せずにそのまま転記したのであろうか。

（96）トレヴー評論は、イエズス会のベルチエ神父が主宰した文芸ジャーナルで、反百科全書のスタンスで当時大きな影響をもたらした。ここで引かれた論文はおそらくリニャックのものなのであろうが、コンディヤックは著者を特定せずに、リニャックについても三人称的に紹介している。

（97）コンディヤック『動物論』第Ⅱ部第７章末尾。ただし、コンディヤックが獣と人間の魂は本質的に異なると、本気で考えていたかどうかは微妙な問題である。同所に付した訳注75を参照されたい。

（98）明らかにコンディヤックは、トレヴー評論の寄稿家がリニャックであることを知りつつ、それを知らぬがごとくにとぼけた態度をとっている。

（99）微妙な表現である。コンディヤックはここで、カトリックの伝統的な霊肉二元論や、獣と人間の本質的な差異といった教義を否定しない態度を――戦略的かどうかはともあれ――取ってはいる。しかし、獣にも、人間的能力の萌芽がありうることを否定もしていない。

コンディヤックの生涯と著作

古茂田 宏

本書は、一八世紀フランス啓蒙主義を代表する哲学者のひとりである、エティエンヌ・ボノ・ド・コンディヤックの『動物論——デカルトとビュフォン氏の見解に関する批判的考察を踏まえた、動物の基本的諸能力を解明する試み』（*Traité des animaux, où, après avoir fait des observations critiques sur le sentiment de Descartes, et sur celui de M. de Buffon, on entreprend d'expliquer leurs principales facultés*, 1755）の全訳である。コンディヤックは、近年フーコーやデリダらによって大きく取り上げられたこともあって再び注目を集めるようになった哲学者であるが、それでもなお、必ずしもよく知られているとは言えない。そこでここでは、彼の生涯を簡単に辿りつつ著作の全体を概観しておきたい（なお、著者の生涯や著作については、岩波文庫版のコンディヤック『人間認識起源論』下巻解説や、弘文堂『フランス哲学・思想事典』にもより詳しく記したので、参照されたい。また、日本語で読めるものとしては、世界的にも高い研究水準を示した山口裕之氏の『コンディヤックの思想——哲学と科学のはざまで』〔二〇〇二年、勁草書房〕と、飯野和夫氏の翻訳によるデリダ『たわいなさの考古学——コンディヤックを読む』〔二〇〇六年、人文書院〕が貴重であることも付記したい)。

一七一四年(通説では一七一五年だが、ここでは *Corpus Condillac*, direction de Jean Sgard, Genève-Paris, Edition Slatkine, 1981 に従う)九月三〇日、フランスアルプスの麓に位置する都市グルノーブルに、法服貴族——伝統的な封建貴族ではなく、経済力をバックに高等法院等の官位を買うことによって貴族に列せられた新興勢力——の家系に生まれる。歴史家のマブリは哲学者の実兄であるが、「マブリ」も「コンディヤック」も、彼らの父親が購入した所領の地名であり、本来の姓は「ボノ」である。一七二六年から一七三三年までリヨンのイエズス会のコレージュで基礎教育を受け、一七三三年にパリに出て、コレージュ・マザランで数学・物理学・論理学・哲学を学び、サン・シュルピス神学校とソルボンヌ大学で神学を修める。一七三五年に哲学の教授資格を、一七三九年に上級聖職位を取得し、一七四一年に司祭職に就任。

一家の末子が聖職につくという当時の貴族の風習に従って司祭にはなったが、コンディヤックの関心はあくまでも科学や哲学にあったと思われ、これ以降もパリの俗界にとどまり、ジョフラン夫人やデピネ夫人などの主催する知的サロンなどを通して、ディドロ、ルソー、フォントネル、ダランベール、ドルバック、エルヴェシウス、そしてビュフォン——奇しくも本書では真正面からぶつかることになったわけだが——といった人々らと交わりながら執筆活動を開始することになる。

一七四六年、三〇代に入ってまもなく、コンディヤックは『人間認識起源論』(*Essai sur l'origine des connaissances humaines; ouvrage où l'on réduit à un seul principe tout ce qui concerne l'entendement humain*)でデビュー。こ

れを、ともに無名の同輩として間近に目撃したルソーは後に、「ある日突然、その人は哲学者として頭角をあらわした」(『エミール』第二篇)と回想しているが、ロックの『人間知性論』の経験論哲学を一層感覚論的に純化すると同時に、ロックにおいてはまだ未整理であった言語の問題を本格的に論じ尽したこの処女作は、当時の論壇に「形而上学者コンディヤック」の名を不動のものにした。以降一〇年、哲学者は次々に著作を世に問うことになるが、これを簡単に記せば以下のとおりである。

一七四八年、『モナドに関する研究——王立・文芸アカデミー受賞論文』(*Dissertation qui a remporté le prix proposé par l'académie royale des sciences et belles-lettres sur le système de monades*)。このアカデミーとはベルリン王立アカデミーのことで、この受賞によりコンディヤックは同アカデミー会員となる。

一七四九年、『体系論——その欠陥と長所の解明』(*Traité des systèmes, où l'on démêle les inconvénients et les avantages*)。デカルト、スピノザ、ライプニッツら一七世紀の「体系の精神」を批判しつつ、「経験によって保証された諸原理に基づく体系」を対置する。百科全書の「体系」の項にも一部が転載され、百科全書派の学問論の旗印になる。

一七五四年、『感覚論』(*Traité des sensations*)。コンディヤックの第二の主著。処女作における感覚論をさらに徹底させるとともに、そこにあった「言語論的展開」のロジックを封印することを通してその哲学的立場を微妙に——自然主義の方向に——修正したと見られる。それは、感覚論を徹底する方向としては論理的な帰結であったと見るべきであろう。なお、この著作の基本アイデア、すなわち、無感覚の石像に、嗅覚や聴覚や視覚といった五感を徐々に与えていってその世界風景の変容を追跡するという「立像の思考実験」は、今ではコンディヤックのものとして有名であるが、もともとはビュフォンのものであった。これに関しては、当時から「剽窃」批判があったらしく、本書『動物論』の執筆には、これに関する弁明と反批判を行うという動機もあったようである。もちろん、アイデアの借用はあったものの、そこから引き出される結論はコンディヤックとビュフォンで大きく異なっていたわけであるが。

一七五五年、『動物論──デカルトとビュフォン氏の見解に関する批判的考察を踏まえた、動物の基本的諸能力を解明する試み』（*Traité des animaux, où, après avoir fait des observations critiques sur le sentiment de Descartes, et sur celui de M. de Buffon, on entreprend d'expliquer leurs principales facultés*）。本書。

こうして、一〇年余のパリでの執筆活動が続いたわけだが、一七五八年、四四歳を迎えようとしていた哲学者に大きな転機が訪れる。パルマ公国の若き王子フェルディナンドの家庭教師に招請され、これを受け入れるのである。以降ほぼ一〇年間、コンディヤックは一個の人間精神が発達する過程をつぶさに観察しつつ、人間的認識の起源と生成に関する自説を実際の教育に即して検討する機会に恵まれることになる（その努力に見合う果実をこの弟子はもたらさなかったようではあるが）。ちなみにパルマは、パルメザンチーズで知られるイタリアのパルメジャーノ地方──ミラノとボローニャの中間

――に数百年間公国領を保っていたが、この少し前、ルイ一五世の娘ルイーズ・エリザベートの輿入れを機に、それまで有力であったスペイン・ハプスブルグ家（ひいては神聖ローマ帝国）の影響下から、フランスのブルボン家の影響下へと様相を変えていた。コンディヤックの同郷人スタンダール（一七八三～一八四二年）が『パルムの僧院』で描いたのも――もちろん登場人物は別の架空キャラクターに置き換えられてはいるが――この宮廷の権謀術数ドラマであった。いずれにせよ、フランス王家と強いつながりをもつこの王子の家庭教師という地位は、かなり重いものであった。しかしそれよりも、ここでの比較的静穏な思索生活が、後のコンディヤックの大きな仕事につながったことの方が一層重要であろう。すなわち、この一〇年に及ぶ研究と教育の成果は、後に膨大な『教程――パルマ公王子教育のための』として結実することになるのである。

一七六七年、王子も成長し（一七六五年、パルマ公に即位）、コンディヤックはこの職を辞してパリに戻ることになるが、その頃には彼の名声は非常に高まっていた。その翌年、アカデミー・フランセーズは、会員のドリヴェ神父の死去に伴い、その後任にコンディヤックを選出したのである。「思想の価値においてヨーロッパ第一の人物が、言葉の価値においてパリ第一の人物に取って代わった」と、この人事ニュースをダランベールから聞いたヴォルテールは言ったというが、それは当時コンディヤックがどのように評価されていたかを雄弁に物語っている。その後、哲学者は一七七三年にパリから南西方向に百数十キロ離れた町ヴォージャンシー近郊に城館を購入し、ロワール川左岸を見下ろす四六ヘクタールの果樹園に囲まれたこのド・フリューの館で余生を過ごすことになる。ここでは、地元に近いオルレアンのアカデミーなどでの交わりを除けば悠々自適の生活であったようで、右に触れた

『教程』全一六巻をはじめとする晩年の著作を次々に書き上げていった。以下、それらについて簡単に紹介する。

一七七五年、『教程——パルマ公王子教育のための』(*Cours d'étude pour l'instruction du prince de Parme*) 第一巻『文法』。第二巻『書く技術』。第三巻『推理する技術』。第四巻『考える技術』。第五～一〇巻『古代史研究序説』。第一一～一五巻『近代史研究序説』。第一六巻『歴史研究』。大部の著作であり内容的な紹介はできないが、この『教程』こそは一八～一九世紀を通して最も版を重ねたベストセラーであった。コンディヤックの「観念分析」に基づく観念学派を形成するデステュット・ド・トラシやカバニスらがその師から受けた影響は主としてこの著作からであったという。

一七七六年、『通商と政府——相関的に考察されたる』(*Le commerce et le gouvernement, considérés relativement l'un à l'autre*)。偶然にも、アダム・スミスの『国富論』と同じ年に刊行されたこの著作は、自らの研究を主に形而上学・認識論に限定し、この領域での発言を禁欲してきたコンディヤックにとっては最初で最後の政治経済論の試みとなった。理論的には「自然による支配」という意味での重農主義 (physio-cratie) 擁護の書となっているが、より実践的には、コンディヤックの友人で、当時財務総監として財政改革に努めていたチュルゴーへの援護射撃という側面もあったという。

一七八〇年、『論理学』(*La logique, ou les premiers développements de l'arts de penser*)。晩年のルソーが『ポーラン

ド統治論』(一七八二年)を書いたのは、当時ロシア、オーストリア、プロイセンの三強国による分割解体の危機に瀕していたポーランド政府機関からの委嘱を受けてのことであったが、コンディヤックのこの著作もこれと同じ文脈で書かれた。すなわちポーランド国民教育委員会は、ポーランド国民の公教育プログラムをコンディヤックの認識論に基づいて組織しようと考え、そのための教科書執筆を委嘱したのである(ちなみに、コンディヤックの兄の歴史家マブリも、同じ筋の委嘱を受けてポーランド史を書き、これがルソーの『統治論』にも生かされている)。第一部が「いかにして自然そのものが我々に分析を教えるか」、第二部が「推論の技術はよく作られた言語に還元される」とあるように、認識の対象を、人間の自然(欲望)によって分節される世界として捉えようとする意味での自然主義が徹底されており、それに合致するような言語の治療が目指される。

一七九八年(死後出版)、『計算の言語』(*La langue des calculs*)。方程式のように単純化された算術的推論になぞらえて、概念の分解と組み立ての理想的なあり方を模索した著作。分析的方法と言語とを結びつけながら、算術言語と日常言語が対照される。

しかしこの最後の著作は、作者の突然の死によって未完に終わることになる。形式的にはカトリックの聖職者であったコンディヤックは、実質的にも一生独身を通し――『感覚論』の序文でも触れられる、若くして逝ったチャーミングな才女エリザベート・フェラン嬢との交流が唯一の淡いロマンスであったかもしれない――、「私生活上の逸話を持たず、純粋に知的な生涯を過ごした」と言われるが、最晩年には何かの持病が進行していたのであろう、この穏やかだった気質が失われ、憂鬱な孤独に陥りがちであったという。一七八〇年の七月三一日、哲学者は死を覚悟して教区の僧侶を呼び、記念碑も墓碑銘も作らず、一介の葡萄作りとして村の墓地に葬ってほしいと告げ、八月三日の未明、ロワール川を見下ろすド・フリューの館で永眠した。葬儀と埋葬は、故人の望みどおり、その翌日に近隣の村人たちだけの見守る中でつつましくとり行われた。享年六五。

哲学者は、太陽王ルイ一四世の最後の年（一七一四年）に生まれ、ルイ一五世の長い治世とルイ一六世治世の前半（一七七四～八〇年）を生き抜き、フランス大革命によってこの最後の王が退位する九年前にこの世を去ったことになる。

＊　本稿は、訳者・古茂田宏先生が「解説」として構想しておられたものであるが、その執筆中の二〇〇九年脳梗塞に倒れ、続いて二〇一〇年には肺癌が発見されたため、完成には至らなかった。先生が闘病中も本稿の完成を気にかけておられたことは、編集部宛にいただいたメールの文面からもうかがえるが、残念ながら二〇一〇年一一月一六日、先生はついに帰らぬ人となった。本稿は、ご自宅のパソコンに遺された未定稿の「解説」のうち、既に推敲を済ませておられたと見られる「コンディヤックの生涯と著作」の部分のみを抜き出したものである。そのことを記して読者のご了解を求めるとともに、古茂田先生のご冥福を祈る次第である。

（法政大学出版局　編集部）

《叢書・ウニベルシタス 966》
動物論
デカルトとビュフォン氏の見解に関する批判的考察を踏まえた，
動物の基本的諸能力を解明する試み

2011年11月4日　初版第1刷発行

エティエンヌ・ボノ・ド・コンディヤック
古茂田 宏 訳
発行所　財団法人　法政大学出版局
〒102-0073 東京都千代田区九段北3-2-7
電話03(5214)5540 振替00160-6-95814
組版：海美舎　印刷：平文社　製本：ベル製本

ISBN 978-4-588-00966-2

著　者

エティエンヌ・ボノ・ド・コンディヤック
(Étienne Bonnot de Condillac)

1714年，グルノーブルの法服貴族の家系に生まれる．1726年から33年までリヨンのイエズス会のコレージュで基礎教育を受けた後，パリに出てサン・シュルピス神学校とソルボンヌ大学で神学を修める．1735年に哲学の教授資格を，1739年に上級聖職位を取得し，1741年に司祭職に就任するが，これ以降もパリの俗界にとどまり，デイドロ，ルソー，フォントネル，ダランベール，ドルバック，エルヴェシウス，ビュフォンらと交流しながら執筆活動を開始した．1746年に発表した処女作『人間認識起源論』を皮切りに，『体系論』，『感覚論』，『動物論』などを発表．1752年，フォントネルと共にベルリン王立アカデミー会員に選出される．1758年から67年まで，パルマ公国の王子フェルディナンドの家庭教師として招聘され，ルイ15世の孫に当たる王子を教えた．その後パリに帰り，1968年にはアカデミー・フランセーズ会員に選出される．1773年にヴォージャンシー近郊に城館を購入し，『教程』，『通商と政府』，『論理学』，『計算の言語』を執筆．1780年，65歳で死去．

訳　者

古茂田宏（こもだ ひろし）

1952年に生まれる．1976年，東京大学文学部倫理学科卒業．1983年，東京大学大学院人文科学研究科博士課程単位取得満期退学．山梨県立女子短期大学助教授，千葉大学助教授，一橋大学助教授・教授を経て，同大学大学院社会学研究科教授として在職中の2010年死去．
主な著書に，『思想史の意義と方法』(以文社，1982)，『近代変革期の倫理思想』(以文社，1986)，『醒める夢冷めない夢——哲学への誘惑』(はるか書房，1995)，『ビンボーな生活ゼイタクな子育て』(はるか書房 1999)，共著に，『喫茶店のソクラテス』(汐文社，1984)，『公園通りのソクラテス』(汐文社，1987)，『モダニズムとポストモダニズム』(青木書店，1988)，『言葉がひらく哲学の扉』(青木書店，1998)，『翼ある言葉』(青木書店，2002)，訳書に，コンディヤック『人間認識起源論』上下（岩波書店，1994)，ウォルツァー『アメリカ人であるとはどういうことか——歴史的自己省察の試み』(ミネルヴァ書房，2006)，共訳に，プーラン・ド・ラ・バール『両性平等論』(法政大学出版局，1997) がある．